BATYA GUR

In Jerusalem leben

D1994058

Buch

Batya Gur, die seit ihrem Studium in Jerusalem lebt, führt den Leser an einem »ganz normalen« Tag durch ihre Stadt. Sie beschreibt das Viertel, in dem sie mit ihrer Familie wohnt, wir begleiten sie auf der Fahrt zur Schule ihrer Tochter und weiter zum Postamt, wo sie für ihren Sohn, der bei der Armee ist, ein Päckchen aufgeben will. Doch bevor sie das Postamt erreicht, melden die Nachrichten, daß auf dem Machane-Jehuda-Markt eine Bombenexplosion stattgefunden hat. Ein »ganz normaler« Tag also, in einer Stadt, die sich von allen Großstädten dieser Welt unterscheidet. Hier begegnen sich die drei Weltreligionen – Judentum, Christentum und Islam und hier drängen sich deren heilige Stätten: mehr als tausend Moscheen, Kirchen und Synagogen. Batya Gur erinnert in Rückblenden an die wechselvolle Geschichte Jerusalems und beleuchtet klug und kenntnisreich die brisante politische Situation. Mit der detektivischen Genauigkeit, die man von ihren Kriminalromanen kennt, denkt sie aber auch über die Anziehungskraft der Heiligen Stadt nach: Batya Gur erzählt vom vielgepriesenen Licht, das Jerusalem den Namen der »Goldenen Stadt« eingebracht hat, von Gassen, Straßen und Plätzen. »In Jerusalem leben« ist ein literarischer Streifzug und eine kritische Innenansicht zugleich – und nicht zuletzt eine Liebeserklärung an eine Stadt, die wir als Touristen nicht kennenlernen.

Autorin

Batya Gur, geboren 1947 in Tel Aviv, arbeitete zunächst als Lehrerin und Journalistin, bevor sie sich mit ihren Ochajon-Romanen internationalen Ruhm erschrieb. Ihr erstes Buch, »Denn am Sabbat sollst du ruhen«, wurde mit dem deutschen Krimipreis ausgezeichnet. Ihre Folgeromane ließen sie zum weltberühmten Markenzeichen literarisch-intelligenter Krimiunterhaltung werden. Alle ihre Romane sind im Goldmann Verlag erschienen.

Außerdem von Batya Gur bei Goldmann:

Am Anfang war das Wort. Roman (43600)
Denn am Sabbat sollst du ruhen. Roman (42597)
Du sollst nicht begehren. Roman (44278)
Das Lied der Könige. Roman (44946)
Stein auf Stein (44714)
So habe ich es mir nicht vorgestellt (43056)

Batya Gur

In Jerusalem leben

Ein Requiem auf die Bescheidenheit

Aus dem Hebräischen
von Helene Seidler

Mit Photos
von Werner Braun

GOLDMANN

Der Originaltitel lautet:
רקוויאם כצניטוח או כחיוח בידושבים

Umwelthinweis:
Alle bedruckten Materialien dieses Taschenbuches
sind chlorfrei und umweltschonend.

Der Goldmann Verlag ist ein Unternehmen
der Verlagsgruppe Random House GmbH

Genehmigte Taschenbuchausgabe 11/2001
Copyright © der Originalausgabe 2000
by Batya Gur
Copyright © der deutschen Ausgabe 2000
by Schöffling & Co. Verlagsbuchhandlung GmbH,
Frankfurt am Main
Lizenzausgabe mit freundlicher Genehmigung
Umschlaggestaltung: Design Team München
Umschlagfoto: Mauritius/Kord
Druck: Clausen & Bosse, Leck
Verlagsnummer: 45031
CN · Herstellung: Sebastian Strohmaier
Made in Germany
ISBN 3-442-45031-4
www.goldmann-verlag.de

1 3 5 7 9 10 8 6 4 2

1. Jerusalemer Idyll

Das Idyll ist sowohl als Genre der Kunst als auch im wirklichen Leben eine Art Täuschung; am Ende offenbart sich jeder idyllische Zustand als Auftakt zur Tragödie. Je ausgeglichener und banaler die Wirklichkeit daherkommt, je friedlicher und harmonischer sie sich gibt, desto klarer vernehme ich die Warnung, auf der Hut zu sein, bin stets auf die Entdeckung reißender Ströme unter der glatten Oberfläche gefaßt, rechne jederzeit mit dunklen Mächten, die alles auf den Kopf stellen können.

An einem hellen Herbstmorgen des Jahres 1998, wenn der Himmel blau und wolkenlos ist, das Licht noch nicht zu gleißend, und der Mensch die reine Luft Jerusalems, eins ihrer Gütezeichen, gierig einatmet, kann man auf der Fahrt durch die schönen Straßen des zentrumsnahen Talbieh-Viertels das üppige Lila der Bougainvilleen bewundern, zufrieden die grüne Hecke und die frischen Rasenflächen vor der Hebräischen Wissenschaftsakademie und dem Van-Leer-Institut bestaunen und sich auf der Strecke zur engen Smolenskin-Straße (Perez Smolenskin gehörte zu den großen Schriftstellern der jüdischen Aufklärung und den ersten Belebern des modernen Hebräisch im ausgehenden 19. Jahrhundert) am zarten Rosa der Bauhaus-Villen erfreuen.

Auf halbem Weg, nicht allzu weit vor dem Ende der ebenfalls kurzen und engen Balfour-Straße, stößt der Taxifahrer einen saftigen Fluch aus und hält mit kreischenden Bremsen. Der Verkehr kommt zum Stillstand. Es handelt sich nicht um einen gewöhnlichen Stau, wie man ihn in allen Großstädten der Welt kennt, denn vor dem ersten Wagen stehen mit Maschinengewehren bewaffnete Männer in kugelsicheren Westen und flüstern in ihre mundnahen Funkgeräte. Motorräder schnellen aus der freigehaltenen Einfahrt der Smolenskin-Straße hervor, auf ihren Fersen ein Personenwagen und dann eine lange Limousine mit grau verhängten Fenstern, bei deren Anblick der Taxichauffeur knurrt: »Da fährt er.« Ein Einsatzwagen der Polizei folgt mit heulenden Sirenen und blinkendem Blaulicht, zwei Motorräder brausen hinterher. »Was noch alles?« stöhnt der Taxifahrer, zündet sich eine Zigarette an und wendet sich via Rückspiegel funkelnden Blicks an den im Fond sitzenden Fahrgast. »So ist das jeden Morgen, wenn er sein Haus verläßt. Gestern Albright, morgen Clinton – wie soll man da vorankommen?« Er zeigt auf den hohen Steinwall, der das Gebäude an der Ecke Balfour/Smolenskin umgibt, dann zieht er an seiner Zigarette, ohne sich vom Nichtraucherzeichen im Fenster seines Wagens stören zu lassen, eine weit verbreitete schlechte Angewohnheit. »Wie soll man damit leben?« beklagt er sich und muß das »damit« nicht näher erläutern, denn sein ortsansässiger Fahrgast, der diese Straßen allmorgendlich passiert und jedesmal betet, der Ministerpräsident möge sein neuerdings von hohen Steinwällen geschütztes Haus bereits verlassen haben, braucht keine weitere Erklärung.

Das Gebäude an der Ecke der Straßen Balfour und Smolenskin wurde in den dreißiger Jahren als Residenz für General Barker errichtet, damals der britische Oberbefehlshaber von Palästina-Erez Israel und berühmt-berüchtigt wegen seines Aufrufs, »den Juden in die Taschen zu greifen«. Nach dem Abzug der Briten 1948 brachte man hier die Außenminister der israelischen Regierungen unter (damals trug es nach dem berühmtesten unserer Außenminister den Namen »Abba-Eban-Haus«). Seit den siebziger Jahren dient es als Wohnsitz der Ministerpräsidenten; Golda Meir residierte hier ebenso wie Jizchak Rabin, Menachem Begin und Jizchak Schamir. Bis zur Ermordung Rabins im November 1995 war der Garten von einer niedrigen Mauer eingefaßt, den Eingang bewachten in aller Gemütsruhe zwei Soldaten, deren Blicke in erster Linie die Figuren der zur Musik- und Ballettakademie nebenan strebenden Mädchen zu prüfen schienen. An heißen Tagen überquerte manchmal einer von ihnen die schmale Straße, bezog dem Eingang gegenüber Stellung und genoß den Schatten der hohen Zypressen im Hof des Terra-Sancta-Gebäudes, eines italienischen Franziskaner-Kollegs, dessen beeindruckende Front die Ecke Ben Maimon/ Keren Hajesod beherrscht und auf dessen Dach man die Statue der Heiligen Jungfrau – von

Amos Oz in seinem Roman *Mein Michael* erwähnt – bewahrt und ganz offen den Touristen präsentiert. Der Bau wurde im Jahr 1927 eingeweiht und diente arabischen Christen Jerusalems als Bildungsstätte. Nach dem Unabhängigkeitskrieg von 1948 pachtete die vom Skopusberg vertriebene Hebräische Universität das Gebäude vom Franziskanerorden, bis das neue Universitätsgelände in Giv'at Ram bezugsfertig war. Heute wird Terra Sancta wieder von den Ordensbrüdern genutzt.

Mit der Errichtung des hohen Schutzwalls um die Ministerpräsidenten-Residenz herum begann man nach der Ermordung Jizchak Rabins, und fertiggestellt wurde er dann rechtzeitig zum Einzug von Benjamin Nethanjahu. Die Verstopfung der engen Straßen, die den rasenden Ehren- und Sicherheitskonvois von Regierungschefs und hohen Staatsgästen kaum gewachsen sind, ist ebenfalls eine Errungenschaft der letzten Jahre. Für diejenigen unter uns, die sich noch an das Jerusalem vor der aufgezwungenen Vereinigung von 1967 und vor der Ermordung Rabins erinnern, signalisieren die wuchtige Wand, die bewaffneten Leibwächter, die auf das Passieren des Ministerpräsidenten oder seiner Gäste wartenden Autoschlangen und das heulende Blaulicht der Einsatzwagen nicht nur die Gefahr eines politischen Attentats, sondern in erster Linie die neue israelische Megalomanie. Für uns hat die Vergewaltigung schmaler Wohnstraßen, durch die Regierungsfahrzeuge rauschen, als wären es die breiten Boulevards von Paris oder Rom, eine unübersehbar groteske Seite.

So beginnt, nicht weiter überraschend, ein ganz normaler Tag in Jerusalem. Es gibt schwerere, und sie sind nicht selten. Wie zum Beispiel der Freitagmorgen Anfang November – trotz zahlreicher Versuche, den ausbleibenden Winterregen durch Gebete herabzubeschwören, ein sonniger, vergoldeter Herbsttag, an dem ich meinen Tageslauf wie üblich mit der Fahrt meiner Tochter von Ramat Denia, unserem Wohnviertel in Westjerusalem, zur »Givat-Gonen-Schule« beginne. »Givat-Gonen« ist eine integrierte Gesamtschule, in die Jerusalems Intellektuelle, d.h. die bürgerliche, liberale Linke, ihren Nachwuchs schicken. Sie wurde vor etwa fünfunddreißig Jahren im Katamon-Viertel gegründet, das seinen Namen von der arabischen Bezeichnung des umliegenden Wohngebiets (hebräisch »Gonen«) ableitet. Zu Beginn war sie eine ganz normale Bezirksschule, allerdings mit Schülern, die bekanntermaßen aus schwierigen Verhältnissen stammten und deshalb besonderer Förderung bedurften; mit anderen Worten: »Givat-Gonen« war ein Hort für Kinder, die aufgrund ihrer Lebensumstände und des sozio-ökonomischen Status ihrer Eltern an Verhaltens- und Lernstörungen litten. Vor etwa siebzehn Jahren erklärten besorgte, liberale, säkulare, linke Jerusalemer »Givat-Gonen« zu einer Schule im Sinne der »geistigen Werte der Arbeiterbewegung«. Seitdem lernen hier Kinder aus dem »Viertel«, dem ärmlichen Katamon, gemeinsam mit Kindern aus gutsitu-

Abb. 1: Malcha

ierten Familien, deren Eltern sie allmorgendlich aus allen Teilen der Stadt dorthin chauffieren.

Die Schule »Givat-Gonen« liegt, wie gesagt, im »Katamon«-Viertel. Katamons Architektur zeugt von den Einwanderungswellen in der ersten Hälfte der fünfziger Jahre. Hunderttausende von Juden, hauptsächlich aus Nordafrika, trafen im gerade acht oder neun Jahre jungen Staat ein. Viele von ihnen wurden in die sogenannten Entwicklungsstädte geschickt, künstliche Gebilde, die man damals zwecks Ansiedlung der Einwanderer in entlegenen Ecken der Negevwüste und im Landesnorden aus dem Boden stampfte. Tausende kamen aber auch nach Jerusalem, in die Stadt, von der sie in den Ländern ihrer Geburt geträumt hatten. Eilends brachte man die zumeist kinderreichen Familien in speziell für sie hochgezogenen Wohnblöcken unter, wo sie auf engem Raum zusammengedrängt hausten. Muß noch ausdrücklich gesagt werden, daß diese Einwanderer im neuen Land auf wirtschaftliche, gesellschaftliche und kulturelle Schwierigkeiten stießen und sich – wie es dem Lauf der Dinge entspricht – in Bewohner eines Armutsviertels voll sozialer Not verwandelten?

Jerusalems Häuser sind fast alle aus weißem oder rosafarbenem Jerusalem-Stein gebaut, auch ein Erkennungszeichen der Stadt und weltweit gerühmter Bestandteil ihrer Schönheit. Die Auflage, nur mit Jerusalem-Stein zu bauen, ist dem britischen Stadtgouverneur der zwanziger Jahre, Colonel Ronald Storrs, zu verdanken. Zwar fand das englische Mandat 1948 mit dem UN-Beschluß, in Palästina einen unabhängigen jüdischen Staat zu gründen, ein Ende, aber einige Spuren jener Zeit sind bis zum heutigen Tag erkennbar. Während seiner Amtszeit erließ Sir Ronald Storrs jedenfalls die Verfügung, in Jerusalem nur mit Jerusalem-Stein zu bauen, und sie wurde bisher von allen Bürgermeistern der Stadt adoptiert. In Storrs Tagen galt die Verfügung allerdings nicht in Gebieten, die, wie knapp auch immer, außerhalb der Stadtgrenzen lagen, das alte Talpiot-Viertel im Süden des jüdischen Teils zum Beispiel oder Beit-Ha-Kerem im Westen, wo man mit grauen Zementblöcken baute.

Heute, nach der Eingemeindung dieser inzwischen zentralen Viertel, verstecken sich einfache Putzfassaden bescheiden zwischen Dutzenden von Steinvillen, so auch das Haus, das sich Schmuel Josef Agnon, der größte der hebräischen Schriftsteller, seinerzeit am Rand des alten Talpiot-Viertels, weit vor den Toren der Stadt, baute. (Inzwischen gibt es zwei neue Talpiot-Viertel, die dem ursprünglichen angegliedert wurden und es nach Süden und Osten hin beträchtlich erweitern.) Und tatsächlich besteht das Agnon-Haus, ein Wallfahrtsort im Herzen einer der ruhigsten und gepflegtesten Wohnbezirke der Stadt, aus verputzten grauen Zementblöcken. Bis heute läßt sich an der Bauweise ablesen, wie abenteuerlich Agnons Entscheidung, sich ausgerechnet hier niederzulassen, in jenen Jahren gewesen sein muß, als Überfälle von Eindringlingen aus dem feindlichen Jordanien keine Seltenheit waren und die Fenster, bevor später errichtete Nachbargebäude die Sicht versperrten, einen freien Blick auf die Wüste, das Judäische Bergland und den Edom-Höhenzug erlaubten.

Seit der Staatsgründung wurde die Auflage von Gouverneur Storrs nur einmal zeitweilig außer acht gelassen: in der Bedrängnis der fünfziger Jahre, als eine Welle völlig mittelloser Einwanderer das Land überflutete. Unansehnliche Wohnblocks, wie die, aus denen das gesamte Katamon-Viertel besteht, zeugen in ansonsten mittelständisch anmutenden Straßen wie der Tschernikowski, der Palmach, der Schimoni und der Rakevet von der Not jener Tage.

Die Fahrt von unserer Wohnung in Ramat Denia zur »Givat-Gonen-Schule im Geist der Arbeiterbewegung« dauert etwa zehn Minuten. Das Ramat-Denia-Viertel liegt im Westen an einem felsigen Berghang, auf halber Strecke zwischen dem Stadtkern und dem »Hadassah«-Krankenhaus in Ein Kerem. Mit dem Bau von Ramat Denia wurde noch in der ersten Hälfte der sechziger Jahre begonnen, rund fünf Jahre vor der Eroberung Ostjerusalems. Von Anfang an war es als Wohnstätte für Akademiker, Dozenten der Universität und Ärzte aus dem Hadassah-Krankenhaus vorgesehen. Zunächst baute man zu Füßen des Berges, der heute nur mehr ein Hügel zu sein scheint, einige von kleinen Gärten umgebene Einzelhäuser; zu ihnen gesellten sich zehn mehrstöckige »Wolkenkratzer« (nach den Begriffen der Jerusalemer Architektur der frühen sechziger Jahre) mit Fahrstühlen, Kellerräumen und großzügig geschnittenen, hellen Wohnungen. In der Tat leben hier bis heute Professoren der Hebräischen Universität und andere Vertreter des intellektuellen Jerusalemer Bürgertums.

Auf dem Höhepunkt der Bauarbeiten mußte der Unternehmer Konkurs anmelden (höchstwahrscheinlich wegen der Flaute, die in den sechziger Jahren die israelische Wirtschaft heimsuchte und aus der ihr erst der Sechs-Tage-Krieg von 1967, in dessen Verlauf auch Ostjerusalem erobert wurde, heraushalf). Die Baumaßnahmen in Ramat Denia konnten etwa zehn Jahre nach ihrem Beginn fortgeführt werden, und nun erstellte man auf dem Gipfel des Berges dem damaligen Standard entsprechende Durchschnittswohnungen. 1977, kurz vor der Geburt meines ersten Sohnes, erwarben wir im vierten und höchsten Stock eines jener Gebäude die letzte zum Verkauf stehende Wohnung. Ich erinnere mich gut an meine Begeisterung über den weiten Blick nach Süden, der vor unseren Fenstern lag; er kann mich auch heute noch begeistern, wenn auch auf andere Art und Weise. Nichts stand damals zwischen uns und den malerischen Häusern von Malcha, bis 1948 ein arabisches, von Palästinensern bewohntes Dorf. Nachdem die Hauseigentümer und ihre Familien während des israelischen Unabhängigkeitskrieges geflohen waren und sich in palästinensische Flüchtlinge verwandelt hatten, bezogen jüdische Einwanderer aus Kurdistan die verlassenen Wohnstätten. Jenseits der sanften, abgerundeten Kuppeln des ehemaligen arabischen Dorfs Malcha erkennt

Abb. 2: Malcha

man an klaren Tagen die Hügel und Wege bis hinauf zum »Har-Gilo«-Bergzug.

Vor einigen Monaten wurde das neue Malcha-Viertel fertiggestellt, und jetzt breiten sich vor meinen Fenstern auch die häßlichen Steinwüsten der teuren Reihenhäuser aus, die auf das »Canion Malcha« genannte Einkaufszentrum blicken, das größte Einkaufszentrum des Nahen Ostens. Vor zwanzig Jahren jedoch war die Horizontlinie vor unserer Wohnung von all jenem noch unberührt.

Das Leben in Ramat Denia verläuft dem Anschein nach ruhig und friedlich. Manchmal kann man sich täuschen und meinen, es sei ein Wohnviertel wie alle anderen behüteten, durchschnittlichen Wohnviertel auf der Welt, wo die Sonne die Zimmer mit warmem Glanz erfüllt und die Nachbarn sich über Gartenpflege und Heizkosten streiten. »Dem Anschein nach«, »manchmal« und »sich täuschen« habe ich geschrieben, denn Jerusalem ist keine Stadt wie alle anderen, und auch ihre Wohnviertel sind nicht wie andere.

In einer Kurzgeschichte habe ich meine engere Umgebung geschildert, ohne sie beim Namen zu nennen, und von den Dramen berichtet, die sich hier zutragen und etwas von der Atmosphäre im Jerusalem der letzten Jahre wiedergeben. Die Geschichte *Fausis Weihnachtsfest* hat sich so oder ähnlich wirklich abgespielt, und in ihr offenbart sich die Abgründigkeit unseres Lebens hier.

Fausis Weihnachtsfest

Der Kampf um den Lebensmittelladen in unserer Nachbarschaft brach kurz vor Chanukka aus. Die Tage waren bereits kühl, und es wurde früh dunkel. Die ersten Sufganiot, warm und aufgedunsen, mit klebrigen Tropfen aus Marmelade und verkrustetem Staubzucker, erschienen bereits zwei Wochen vor dem Fest in den Läden. Morgens in aller Frühe, wenn die Luft noch grau war, legte Fausi sie auf Papptabletts, und als ich, ihrem verlockenden Duft folgend, der in Windeseile über die Straße und zu mir in den vierten Stock hinaufgeweht war, schwerfällig die Stufen zur Ladenreihe hinaufstieg, mit den Händen den Stößen des Embryos nachspürend (daß es ein Mädchen war, wußte ich zwar schon, sprach aber dennoch weiterhin von ihr als von einem Embryo), sah ich durch die Ladenscheibe Fausi neben dem Kuchentablett stehen und selbstvergessen auf einen unsichtbaren Punkt starren, in seinen Augen lag zorniges Verlangen, seine Arme hatte er um seinen Körper geschlungen.

Fausi arbeitete seit fast fünf Jahren als Botenjunge im Lebensmittelladen unseres Viertels; er war sechzehn gewesen, als er damit anfing. Jizchak, der jüngere der beiden Brüder, denen der Laden gehörte, holte ihn jeden Morgen vor Sonnenaufgang aus einem Flüchtlingslager in der Nähe Jerusalems ab. Aus meinem Küchenfenster sah ich den Transit einparken; dann stiegen die beiden aus und streckten sich für einen Moment, bevor sie die von den Lieferanten im Morgengrauen vor der Tür abgeladenen Brot- und Milchkisten in den Laden schleppten. An Tagen, an denen die besetzten Gebiete z. B. wegen eines Anschlags abgeriegelt wurden und ihre Bewohner nicht zur Arbeit kommen konnten, fand Fausi einen Weg, sich über Felder und durch Obstplantagen an den Grenzsoldaten vorbeizuschleichen und den Transit zu erreichen, der am verabredeten Punkt auf ihn wartete. Später erzählte Jizchak lachend, wie Fausi an den Sperren untertauchte und sich hinten flach auf den Boden des Wagens legte. Dauerte die Abriegelung mehrere Wochen, übernachtete Fausi im Laden, hinten auf dem dunklen Gang, wo Reinigungsgeräte aufbewahrt wurden und die Konservendosen lagerten, welche die Brüder bei Sonderaktionen des Supermarkts mit Vorliebe aufkauften, um sie zu regulären Preisen an ihre Kunden weiterzugeben.

Unser Viertel wurde während der sechziger Jahre innerhalb der grünen Linie auf einem bisher unbebauten Berg errichtet. Es wuchs langsam und stufenweise, genau nach Plan. Zuerst die einstöckigen Gebäude, die Professoren zu Vorzugspreisen und mit Hilfe der Hebräischen Universität erwarben; dann terrassierte, durch Treppen verbundene Wohnanlagen, die Oberärzte aus dem nahen Hadassah-Krankenhaus, Rechtsanwälte, Zahnärzte, ein Bauunternehmer und zwei Journalisten bezogen. Zuletzt entstanden die mehrstöckigen Wohnhäuser, aus deren Fenstern man auf das ehemalige arabische Dorf blickt, aus dem eine

Künstlerkolonie geworden ist, und dann auf sanfte, sich in bläulichem Dunst verlierende Höhen. An klaren Tagen erkennt man den Har-Gilo-Bergzug.

In Jerusalem gilt dieses Viertel als säkulare Festung, seit es uns dank einer Petition unserer beiden Rechtsanwälte beim Obersten Gerichtshof gelang, den Bau einer Synagoge auf dem als Park geplanten kleinen Platz zu verhindern; das Bemühen dieser Anwälte, Autobussen die Durchfahrt durch unser Viertel zu verwehren, war ebenfalls von Erfolg gekrönt. In der Tat lebt es sich hier angenehm, in einer Enklave reiner Luft und willkommener Stille inmitten des Jerusalemer Meeres aus Stein, Phantasie und heiliger, blutgetränkter Patina. Da das Viertel klein ist, kennen wir uns untereinander, sind jedoch darauf bedacht, unser Privatleben zu schützen, und beschränken die nachbarlichen Beziehungen auf einen herzlichen Gruß im Treppenhaus oder ein kurzes Gespräch über den Zustand des Gartens und die Sauberkeit des Gebäudes.

Längere Unterhaltungen entspannen sich nur im Lebensmittelladen. Fausi, der pockennarbige Botenjunge, drehte seinen Kopf zur Seite, wann immer er angesprochen wurde, und schob sich stets eine dunkle Haarsträhne aus der niedrigen Stirn. Stillschweigend und geschwind brachte er das Gewünschte. Manchmal, wenn das Gespräch versiegte, pflegte Asarja, der ältere Bruder, dem jüngeren aufmunternd zuzublinzeln, und dann klopfte Jizchak gutwillig auf Fausis Schulter oder zog an seinem Arm und stellte ihm irgendeine Reizfrage, wie »Na, und bei ihren Eltern bist du schon gewesen«, worauf er in lautes Gelächter ausbrach. Wenn Fausi sich wand, um dann mit verhaltenem Wiehern ins Lachen einzufallen, beeilte ich mich verlegen, das Thema zu wechseln.

Der Lebensmittelladen hat eine Vorgeschichte. Kurz nachdem wir ins Viertel einzogen, eröffnete Asarja, der ältere der Brüder, dort einen Obst- und Gemüseladen. Ein schweigsamer Mensch, der lächelte, wenn ich die Tomaten lobte oder mich über den Anblick der Weintrauben freute. Dann tauchte der jüngere Bruder Jizchak auf und eröffnete einen Lebensmittelladen. Die beiden auf einer erhöhten Betonfläche gelegenen Geschäfte, über denen ein buntes Schild mit der Aufschrift »Minimarkt Jizchaki« prangte, trennte ein Friseursalon. Wenn die Sonne milde schien und die Friseurin Handtücher zum Trocknen über das Eisengeländer gehängt hatte, standen die Brüder gern auf dem freien Platz den Wohnhäusern gegenüber, tranken Kaffee und scherzten mit der Friseurin, nicht selten auf Kosten Fausis, der sofort mit abgewandtem Gesicht in den Laden schnellte, wo sein Körper in verhaltenem Wiehern erbebte, besonders dann, wenn die rothaarige Friseurin ihn geneckt hatte und auf seinen Wangen unter den dunklen Stoppeln tiefrote Flecken glühten.

Vom kleinen betonierten Platz führten einige Stufen hinab zu einem niedriger gelegenen Gebäude, welches nur darauf zu warten schien, daß jemand von ihm Gebrauch machte. Es gehörte dem Mann mit den beiden Frauen, einem erfolgreichen Börsenspekulanten, der die Drei-Zimmer-Wohnung unter der meinen gekauft hatte und dazu das leerstehende Ladenlokal. Beide Brüder träumten von einem prall gefüllten Minimarkt, mit dem sie das ganze Viertel versorgen könnten; sie brannten darauf, Gemüse- und Lebensmittelladen zu vereinigen. Es kam zu Konferenzen auf dem gepflasterten Platz, Zigarettenkippen und leere Kaffeetassen sammelten sich zu Füßen des Eisengeländers – Fausi bediente schweigend die Kunden, brachte, was sie wünschten, beantwortete Fragen nach dem Preis, rief, wenn der Augenblick kam, Jizchak, den jüngeren Bruder, an die Kasse – und am Ende taten sich die Gebrüder Jizchaki und Josef Cohen, der Mann mit den beiden Frauen, zusammen, zogen ins tiefer gelegene Gebäude um und eröffneten dort den heiß begehrten Minimarkt.

Alteingesessene erinnerten sich noch an die Zeit, als Josef Cohen nur eine Frau hatte, eine kleine, untersetzte, deren breites, sauertöpfisches Gesicht jedesmal in der halb geöffneten Tür erschien, wenn jemand die Treppen hinauf- oder hinabstieg. Sie pflegte die Pflanzen im Eingang, wachte über die Reinigung des Treppenhauses und schimpfte jede Woche lautstark wie die Bademeisterin in der Mikwe von Meah Schearim mit der Putzfrau; sie hatte ein breites Becken und einen vorgewölbten Bauch, auf dem sie gern ihre Hände mit den dicken kurzen Fingern ruhen ließ, als gäbe es dort drinnen etwas zu beschützen. Kinder hatten sie nicht, und über seine Geschäfte herrschte Unklarheit.

Abb. 3: Eine Straße in Jerusalem

Wann immer man ihm im Treppenhaus begegnete, klebte eine Zigarette in seinem Mundwinkel, und er murmelte einen wortlosen Gruß. Plötzlich erschien ein Baby, ein kleines Mädchen. Nun stieg die erste Frau, sauertöpfisch wie immer, mit dem Säugling im Arm die Treppen auf und ab und zeigte ihn lippenschnalzend allen Vorübergehenden. Später tauchte noch ein Baby auf, und schließlich auch die Frau, die die Kinder geboren hatte. Zuerst kam sie nur zu verstohlenen Wochenendbesuchen – er parkte den Wagen, wenn es bereits dämmerte, versuchte das Motorengeräusch mit rasselndem Husten zu übertönen, sie schlich hinter ihm die Treppe hoch, und am Sonntagmorgen brachte er sie in aller Frühe wieder weg – bis sie schließlich ganz zu ihnen und den beiden kleinen Mädchen zog.

Die erste Frau kümmerte sich um die Kinder und die Wohnung, aus der Tag und Nacht Dünste von gefüllten Paprika, Fisch in Tomatensoße, Safran und sämigen Suppen entströmten. Wenn wir die Treppen hinaufstiegen, hörten wir durch die Tür die Klänge arabischer Musik, Kindergeschrei und beschwichtigendes Flüstern. Die zweite Frau, die junge, auch sie mit breitem Becken und vorgewölbtem Bauch, lachte ohne Unterlaß und sprach mit allen. Selbst wenn sie schwerbeladen mit gebeugten Schultern von ihren Einkäufen auf dem außerhalb unseres Viertels gelegenen Markt zurückkehrte, zögerte sie nicht, die Körbe und Taschen abzustellen und ein Gespräch zu beginnen, wobei die Wortkargheit ihres jeweiligen Gegenübers sie nicht weiter zu stören schien. Schnell sprach sich herum, daß man für sie, nun, da sie zwei Töchter geboren hatte, eine Beschäftigung suchte; deswegen also wurde das niedriggelegene Gebäude unter den Treppen instandgesetzt und den beiden Brüdern von oben Teilhaberschaft angetragen.

Fausi wurde nun Botenjunge im großen neuen Laden, in den man noch einen Boden eingezogen hatte, um Waren zu lagern, und dort übernachtete er auch, wenn in den besetzten Gebieten Unruhen ausgebrochen waren und eine Abriegelung bevorstand. Für einige Jahre ging es gut mit der Partnerschaft. Die beiden Brüder pflegten auf den Stufen zwischen dem neuen und dem alten, jetzt geschlossenen Laden zu stehen, Fausi zum Narren zu halten, den schwarzen Kaffee, den er ihnen brachte, zu schlürfen und mit ihren Kunden im Scherz die Frage zu erörtern, ob persische Juden wie sie in einer Wohngegend aschkenasischer Juden wohl Partner eines kurdischen Juden sein könnten. Josef Cohens zweite Frau – niemand im Viertel wußte, ob er sie wirklich, wie die Brüder erzählten, mit der Erlaubnis von hundert Rabbinern geheiratet hatte, was nach zehn Jahren Ehe mit einer unfruchtbaren Frau möglich war – stand unablässig lächelnd hinter der Kasse und hatte für jeden ein herzliches Wort.

Für längere Zeit herrschten idyllische Zustände. Die Bewohner unseres Viertels fanden sich zu Füßen der Treppe ein. Fausi gehörte allen, sowohl den Brüdern als auch dem Mann mit den beiden Frauen, der hochaufgerichtet wie ein Betonpfeiler in der Tür stand und anstatt zu sprechen heiser hustete; dann und wann schüttelte er seine Füße aus; wenn er sie neben seinen zerknautschten Sandalen auf den Boden stellte, kamen eingerissene gelbe Zehennägel zum Vorschein. Er wurde von rasselndem Husten geplagt, gab verhaltene Schnarchlaute von sich und hatte die Angewohnheit, den im Mundwinkel hängenden Zigarettenstummel seitwärts wegzuspucken. Dem Laden gegenüber, auf der anderen Seite der einzigen durch unser Viertel führenden Straße, stand die erste Frau an ihrem Küchenfenster und rief mit fordernder Stimme, die mich mehr als einmal an des Fischers Frau erinnerte, Bestellungen hinüber, und Fausi rannte Kisten und Tüten schleppend zwischen dem Laden und der Wohnung des Mannes mit den beiden Frauen hin und her.

Mein ältester Sohn ging schon in die erste Klasse, und Fausi war einundzwanzig Jahre alt. »Er hat sich eine Braut ausgesucht, aber sie will ihn nicht haben«, erzählte Jizchak, der jüngere Bruder, laut lachend den Alteingesessenen, und Fausi wandte sich ab. »Nun hol schon das Bild raus«, drängte Jizchak dann, und Fausi zuckte zornig die Schultern, und auf seinen Wangen erglühten rote Flecken. Aber manchmal ließ er sich doch erweichen und zog verlegen ein Farbphoto hervor: Ein rundliches Mädchen in einem lila geblümten Kleid saß aufrecht auf einem roten Plüschsessel mit hoher Rückenlehne und gefalteten Händen im Schoß. Ihre dunklen Augen blickten ernst und verschämt in die Kamera.

An einem Morgen also, etwa zwei Wochen vor Chanukka, packte Fausi die ersten Sufganiot des Jahres aus und sog ihren im ganzen Laden schwebenden Duft demonstrativ ein; dann fuhr er sich über die dunklen Bartstoppel, strich die Haarsträhne aus der niedrigen Stirn, entblößte sehr weiße Zähne und sagte ganz unvermittelt: Bald ist Weihnachten. Darüber wunderte ich mich, denn ich erinnerte, daß er im Ramadan gefastet hatte, und vermutete deswegen, er sei Moslem. Er senkte den Blick. Ja, Moslem, sagte er, aber trotzdem, Weihnachten ist schön. Bei euch ist Chanukka, in Bethlehem ist Weihnachten. Viele Lampen, Touristen kommen, keine Ausgangsperre, ein Lichterbaum und Geschenke. In Bethlehem. Aber auch wegen meiner Verlobten, sagte er und senkte wieder den Blick, während er den Blumenkohl, den ich neben die Kasse gelegt hatte, gegen einen frischeren, weißeren austauschte. Ich wollte das Gespräch in Gang halten. Wußte gar nicht, daß es im Flüchtlingslager auch Christen gibt, sagte ich ohne weiteres Nachdenken in den Raum hinein, der zu dieser frühen Stunde bis auf uns beide völlig leer war – die Brüder standen draußen neben dem Mann mit den beiden Frauen und klagten über die aufgrund der Abriegelung miserable Lage auf dem Gemüsemarkt –, Fausi musterte die Sufganiot und sagte, wieso denn Flüchtlingslager, sie ist aus Ramallah. Und ihre Eltern sind einverstanden? wollte ich wissen. Gibt es das bei euch, daß ein Junge aus dem Flüchtlingslager ein Mädchen aus Ramallah heiratet? Er zuckte die Schultern. Sie werdens schon zulassen, meinte er unbeirrt und fügte stolz hinzu: Sie wird Lehrerin und kann englisch, und am Weihnachtsabend ist Verlobung. Auch ein Geschenk habe er gekauft, stammelte er und starrte auf meinen Hals, so eine Kette, er nickte meiner schmalen Perlenkette zu, aber mit viel ... viel ... mehr ... mißtrauisch blickte er sich um, dann zog er aus der Tiefe seiner Hosentasche ein Tuch hervor, in das ein weiteres Stück Stoff eingewickelt war, und darin lag ein schwarzes Samtetui und darin eine mit rotem Filz ausgeschlagene rote Schachtel und darin eine goldene Kette mit roten Steinen und Perlen. Ich staunte. Viel, viel Geld, erklärte er mir, und seine Augen funkelten stolz. Ich wußte, daß im Flüchtlingslager wegen der Abriegelung Hunger herrschte, und öffnete schon den Mund, um etwas zu sagen, verstärkte dann aber nur mein staunendes Nicken. Berühren ließ er nicht zu, nur betrachten.

An diesem Tag brach der Krieg zwischen den Partnern aus, denn an jenem Morgen, als Fausi das kostbare Stück in die Schachtel zurücklegte, die Schachtel ins Etui und das Etui in den Stoff einschlug, um den er das Tuch wickelte, und das Bündel in seiner Hosentasche vergrub, stürmte Jizchak in den Laden, sah wild um sich und sagte: Das wärs. Was soll das bedeuten? fragte ich und tauchte einen Finger in den verkrusteten Staubzucker der Sufganiot. Wir ziehen hier aus. Sein Gesicht, sonst dunkel und blaß, war rot angelaufen, und an seiner Stirn pulsierte eine geschwollene Ader. Von draußen hörte man lautes Schimpfen. Ich spähte gerade in dem Moment hinaus, als Josef Cohen schrie: Ich spucke auf euch und euren Vertrag, und seitwärts ausspuckte. Er will die Miete hochdrücken, erklärte Jizchak, und wir ziehen wieder hoch in den alten Laden. Und dann? fragte ich, haben wir dann zwei Lebensmittelläden?

Warum nicht? Kann mir doch egal sein, gab Jizchak zurück und schleuderte eine Konservendose aufs Resopalregal, daß es nur so zitterte. Von draußen drang das Echo des Streits herein, in den nun auch einige Bewohner des Viertels eingriffen. Die zweite Frau stand neben dem Betonpfeiler am Fuß der Treppe, eifrig bemüht, alle zu besänftigen. Bewahrst du es für mich auf? fragte Fausi, und Jizchak nickte abwesend. Gibst du es mir in einer Woche zurück? fragte Fausi nach, und Jizchak sah ihn an und erwiderte, nun gib schon her, keine Angst. Hat sein ganzes Geld dafür auf den Tisch gelegt, murmelte er in meine Richtung und stopfte sich das Bündel in die Hosentasche, total verrückt. Und ich hab ihm noch Prozente ausgehandelt. Er ließ seine schwere Hand auf Fausis Schulter landen. Das ist echt, sagte Fausi, vierundzwanzig Karat Gold, und schielte auf Jizchaks Hosen. Keine Angst, ich paß drauf auf, genauso wie auf dein Geld, versicherte er, und die Ader an seiner Stirn pulsierte.

Innerhalb von wenigen Tagen gab es in unserem Viertel zwei Lebensmittelläden. Fausi zog mit den beiden Brüdern nach oben, auf den gepflasterten kleinen Platz, der Mann und seine zweite Frau blieben unten, und damit begann der Krieg. Im ersten Stadium prüften Aufseher der Stadtverwaltung Beschwerden über Verschmutzung des Ganges hinter den beiden Läden, dann sollte der Mann mit den beiden Frauen Kunden bedroht haben. Eines Nachts wurde der Minimarkt von Einbrechern völlig ausgeräumt. Der Frauenarzt aus unserem Viertel, der in der Nacht in den Kreissaal gerufen wurde, bezeugte, vor dem Eingang einen unbeleuchteten Lastwagen gesehen zu haben. Daß es sich um einen Einbruch handeln könnte, war ihm gar nicht in den Sinn gekommen.

Nach Ablauf von drei Tagen prüften die Aufseher der Stadtverwaltung wiederum Beschwerden über die Verschmutzung des Ganges hinter den beiden Läden, und diesmal war eine Strafe fällig. Zwei Tage später traf eine Gerichtsklage wegen unfairen Wettbewerbs und Abwerbung von Kunden ein. Die Brüder witzelten nicht mehr. Im Laden – zum Draußenstehen war es zu kalt – breitete sich Bedrücktheit aus. Man sprach von Anwälten und der Polizei. Fausi blieb über Nacht da und schlief hinten, war allerdings in letzter Zeit immer frisch rasiert, und morgens lag auf seinem Gesicht erwartungsvoller Glanz. Die Einwohner des Viertels spalteten sich in zwei Lager. Das größere folgte den Brüdern, eine Minderheit ließ sich von der zweiten Frau erweichen, die jammernd auf der Treppe stand, warum kauft ihr denn nicht bei uns, wir bringen euch alles ins Haus, wir sind viel billiger, bei uns ist die Ware frisch.

Hier ist kein Auskommen für zwei, sagte der ältere Bruder einen Tag vor dem Fest und umfaßte mit beiden Händen den Kaffeebecher, den Fausi ihm reichte. Mit den Unterhaltungen war es vorbei, und Fausi zog das Bild seiner Verlobten nicht mehr aus der Tasche. Der Bräutigam, sagte Jizchak und sah in Fausis strahlendes Gesicht, rasiert sich, macht sich schön, ein Gockel. In drei Tagen feiert er Verlobung.

In jenem Jahr fiel Weihnachten auf den Tag, an dem die zweite Chanukka-Kerze angezündet wurde. Noch in der Nacht fiel der erste Schnee und häufte sich vor den Läden und auf ihren Dächern. Wir zündeten die beiden ersten Chanukka-Kerzen an und verfolgten im Fernsehen die Weihnachtsvorbereitungen in Bethlehem, bunte Lichter auf grünen Zweigen, brennende Autoreifen, in den umliegenden Dörfern loderten Flammen. Aus unseren Fenstern sahen wir die Rauchsäulen in der Ferne. Ein Terroranschlag wurde verübt. Trotz des herannahenden Festes ordnete man die hermetische Abriegelung der Gebiete an, und es hieß, diesmal sei es für länger. Am Abend vor dem Fest zeigte mir Jizchak, zwar mit verzogenem Mund, doch nicht ohne Stolz, den Anzug, den sie für Fausi besorgt hatten. In der Nacht schimmerte hinter dem Laden der Brüder ein schwacher Lichtschein, und ich wußte, daß Fausi dort neben dem elektrischen Heizofen lag. Ich stellte mir vor, wie er im Dunklen dem langsamen Lauf der Stunden folgte und auf den Morgen wartete, dann würde Jizchak ihn ins Dorf fahren; wie soll er sich im Hochzeitsanzug durch Felder und Pflanzungen stehlen, wollte ich wissen. Aber alle außer mir schliefen; warmer Hauch beschlug die Scheibe, als ich den heftigen Bewegungen in meinem Bauch lauschte.

Am Morgen sah ich aus meinem Küchenfenster den Streifenwagen. Er stand dort schon, bevor die Läden geöffnet wurden. Ich ging hinunter, um Sufganiot zu holen, und stampfte vor der geschlossenen Tür auf und ab. Zwei Polizisten sahen mir interessiert zu. Einer, kurzgewachsen und jung, streckte seine Beine und öffnete die Wagentür. Wann machen die hier auf? fragte er mit dünner Stimme, und gerade da hörte man das Motorengeräusch des Transit. Asarja sprang heraus, um die hintere Klappe zu öffnen und die Gemüsekisten abzuladen. Jizchak eilte zum Laden, um im abgesprochenen Rhythmus an die Tür zu klopfen. Beim Anblick des Streifenwagens blieb er wie angewurzelt stehen. Was jetzt, murmelte er, als die beiden Polizisten sich vor ihm aufbauten.

Sind Sie Jizchak? fragte der ältere Polizist liebenswürdig. Jizchak bejahte. Bei uns ist eine Beschwerde eingegangen; dem Polizisten war nicht wohl in seiner Haut. Immerzu Beschwerden, das ist der von drüben, der will uns kaputtmachen. Das tut jetzt nichts zur Sache, der Polizist blieb unnachgiebig. Jemand hat sich darüber beschwert, daß Sie das Gesetz übertreten und einen Arbeiter aus den besetzten Gebieten ohne Genehmigung bei sich übernachten lassen. Wer hat das gesagt? Jizchak brauste auf. Stimmt das denn? Entspricht es den Tatsachen? Ist es wahr? Der Polizist ließ nicht locker. Jizchak schwieg. Darauf stehen dreitausend Schekel Strafe ohne Gerichtsverhandlung, daß Sie's wissen, fügte der jüngere hinzu. Jizchak zog den Kopf ein. Ist da drinnen nun ein Arbeiter aus den Gebieten oder nicht?

Weiß ich nicht, sagte Jizchak. Öffnen Sie den Laden, schlug der Polizist kühl vor. Da kam Asarja heran und klopfte im verabredeten Rhythmus an die Tür. Ich wußte, daß Fausi sie von innen verschlossen hatte. Ihn zu warnen war unmöglich. Einen Fluchtweg gab es nicht. Es war wirklich nichts zu machen, und dennoch grollte ich Asarja in diesem Augenblick.

Langsam öffnete Fausi die Tür und kam in seinem Festanzug und der roten Krawatte, die die Brüder ihm besorgt hatten, zum Vorschein, glattrasiert und freudestrahlend, bis sein Blick auf den Streifenwagen fiel. Er sah zu Boden, als die beiden Polizisten hinter Jizchaks Schultern hervorschnellten, ihn ohne Erklärung an den Armen packten und auf arabisch nach seinen Papieren fragten. Er faßte in die innere Tasche seines Anzugs, zog das Tuchbündel hervor und hielt es Jizchak wortlos entgegen. Er soll sich heute verloben, eine inständige Bitte lag in Jizchaks Stimme, als der Polizist danach griff, das ist das Geschenk für die Braut. Gesetz ist Gesetz, nichts zu machen, sagte der Polizist und öffnete das Bündel vorsichtig, guckte in die Schachtel, guckte sich um, stocherte in seinen Zähnen und gab es rasch an Asarja weiter, der bleich und stumm dabeistand. Fausi senkte den Kopf. Im Dorf warten sie auf ihn, sagte Jizchak mutlos. Der wird jetzt erstmal ein paar Tage festgehalten, beschied der Polizist, legte Fausi Handschellen an und führte ihn zum Streifenwagen. Erst jetzt bemerkte ich die zweite Frau am Fuß der Treppe. Sie rieb sich die vor Kälte roten Hände und lächelte.

*

Jeden Morgen bringe ich meine Tochter in die Schule und fahre dann weiter zur Gymnastikstunde nach Talpiot, ins südlichste Stadtviertel. Die Schule »Givat-Gonen« liegt auf halbem Wege zum Industriegebiet Talpiot, das einmal sehr weit von Zentrum entfernt zu sein schien; in den letzten Jahren sind jedoch sogar seine entlegensten Zonen aufgeblüht. Es begann mit Autowerkstätten und anderen kleinen Betrieben. Die Eroberung der besetzten Gebiete 1967 veränderte die politische Landkarte. Jetzt war Talpiot von Bethlehem und den arabischen Dörfern aus, woher die meisten der in den Garagen beschäftigten Arbeiter stammen, leicht erreichbar. Jerusalem konnte expandieren und wurde zur größten Stadt Israels. Zahlreiche neue Viertel entstanden, darunter zum Beispiel das ganz in der Nähe der Industriezone von Talpiot und dem arabischen Dorf Beit Jalla gelegene Gilo. Wie Ost-Talpiot ist auch Gilo eine der neuen »Satellitenstädte«, die seit der Annexion Ostjerusalems 1967 um die Stadt herum errichtet wurden und in denen heute Zehntausende von Juden leben. Das ehemals abgelegene, schäbige Industriegebiet von Talpiot erfuhr einen mächtigen Aufschwung, und heute strömen die Leute aus allen Ecken und Enden hierher. Gerade wegen seiner relativen Entfernung von den Wohngebieten siedelten sich hier Clubs und Diskotheken an, die im Stadtkern die Nachtruhe gestört hatten. Am Freitagabend, wenn der Schabbat beginnt, und am Samstagabend, wenn der Schabbat endet, brandet in der Industrie- und Einkaufszone ein Leben auf, das europäischen oder nordamerikanischen Großstädten abgeguckt sein könnte und Angehörigen meiner Generation geradezu futuristisch erscheint. Hunderte von Jugendlichen auf Motorrädern, Mopeds oder in von den Eltern geborgten Autos drängen in die Diskotheken. Das romantische Leben der säkularen Jerusalemer Jugend spielt sich heute hauptsächlich an zwei Orten ab: in der Fußgängerzone des Stadtkerns und – noch häufiger – in Talpiots Industriezone.

Die »Jerusalem Foundation«, der größte und fast auch einzige Förderer kultureller Aktivitäten in der Stadt – viele Jerusalemer fürchten, daß diese Aktivitäten reduziert oder ganz eingestellt werden müssen, denn seit Ehud Olmert Bürgermeister ist, wurde das Budget der während Teddy Kolleks dreißigjähriger Amtszeit gegründeten Stiftung stark reduziert –, brachte in einer der riesigen häßlichen Industriebauten Talpiots die »Sam Spiegel Hochschule für Film und Fernsehen« (an der ich Schreiben unterrichte), die Versuchsbühne »Bamah« und die Schauspielschule von Nissan Nativ unter. Bekannte Jerusalemer Architekten, einige Goldschmiede und Künstler verschiedener Sparten richteten sich hier Büros, Werkstätten und Ateliers ein. Damit wurde das unansehnliche Fabrikgebäude mit den unzähligen Eingängen und fünf Stockwerken inmitten von Möbellagern, Kaufhäusern, die Waren und Lebensmittel zu Großhandelspreisen verschleudern, und Regierungsbehörden (die Kraftfahrzeug-Zulassungsstelle z. B. liegt am anderen Straßenende) zu einer Hochburg von Kunst und Kultur. Viermal wöchentlich führt mich mein Weg von Ramat Denia im Westen Jerusalems über das Katamon-Viertel ans andere, südliche Ende der Stadt in diesen Bau, wo sich im Zwischengeschoß das Studio einer Tänzerin und Choreographin befindet und ich eine Stunde Gymnastik treibe, bevor ich meinen Arbeitstag in einem gemieteten Zimmer im stadtnahen Rechavia beginne.

An diesem Novembermorgen des Jahres 1998, der, man erinnere sich, ein außerordentlich vergoldeter Tag war, wärmer, als es der Jahreszeit entspricht, höre ich mit einem Ohr den Nachrichten zu, in denen von den Drehungen und Windungen des Ministerpräsidenten Benjamin Nethanjahu die Rede ist, eines Manipulators und Überlebenskünstlers, auch ein Meister der Verzögerungstaktik, der Ausreden über Ausreden findet, um die Umsetzung des vor zwei Tagen von ihm in Washington unterschriebenen Wye-Abkommens mit den Palästinensern noch hinauszuschieben, und dränge meine Tochter, nun doch endlich in den Wagen einzusteigen. Als sie sich am Abhang vor der Givat-Gonen-Schule von mir verabschiedet, ist das Autoradio auf den einzigen Sender eingestellt, der klassische Musik bringt, und nicht auf das Programm, in dem die Tagesnachrichten stundenlang von Politikern, einschlägigen Journalisten und normalen Bürgern breitgetreten werden, die zumeist auch noch Zukunftsprognosen stellen. Eskapismus scheint für Menschen meiner Art in Israel und besonders in Jerusalem eine mögliche Lebensform zu sein – zumindest für einige Augenblicke, wie wir gleich sehen werden. Haydns Symphonie Nr. 103 und der milde, noch nicht sengende Sonnenschein strömen ineinander, allmählich stellt sich auch Vorfreude auf ein ruhiges Wochenende ein; ich empfinde die friedliche Gelassenheit, die der Welt an diesem Morgen innezuwohnen scheint, als unerwarteten Luxus, den das Leben sogar hier dann und wann bereithält, und seinetwegen fühle ich mich so rundherum wohl, daß nicht einmal der unverschämte Autofahrer, der an mir vorbeiprescht, um an der Abfahrt nach Talpiot eine lange Autoschlange zu überholen, meinen Ärger erregen kann.

Nach der Gymnastik fahre ich nach Rechavia, zu meinem Arbeitszimmer. Neben allem anderen läßt sich über Rechavia, einem der ältesten, edelsten, schönsten und ruhigsten Wohnviertel, zunächst einmal sagen, daß es das völlige Gegenteil von Süd-Talpiot ist. Denn in dem Anfang der zwanziger Jahre als Verwirklichung einer humanistischen Idee erbauten Rechavia findet man noch Rückstände der Seele des Jerusalem von einst, der Stadt, nach der mich zu sehnen und von der zu träumen ich nicht aufhören kann. Von Rechavia wird noch die Rede sein. Zur Stunde, es ist neun Uhr dreißig, bin ich unterwegs, höre im Radio das Klarinetten-Quintett von Mozart, auf meiner Zunge liegt noch der Geschmack des Espressos, den ich mir auf Kosten meiner Arbeitszeit im neuen italienischen Café in der Nähe des Tanzstudios gegönnt habe, der Verkehr ist abgeflaut, und für einen Augenblick durchströmen

Abb. 4: Das Kreuzigungstal

mich intensives Wohlbehagen und Freude auf den Arbeitstag, der so angenehm begonnen hat. Im unerwarteten Stau in der Emek-Refa'im-Straße, eingekeilt zwischen Wagen, deren Fahrer mit uncharakteristischer Gelassenheit die Passanten auf den schmalen Bürgersteigen und die Gäste in den malerischen Kaffeehausgärten der deutschen Kolonie mustern, bleibe ich ganz ruhig.

Nur in Jerusalem heißen Straßen »Emek Refa'im«, Tal der bösen Geister, oder »Emek Ha-Mazleva«, Kreuzigungstal. Nur hier kann man auf der Terrasse der Cinemathek sitzen und den einmaligen Blick auf den Zionsberg, die alte Stadtmauer und die davorliegende Ben Hinnom Schlucht genießen, in der vor dem Aufkommen des Monotheismus der Moloch hauste. Seine Anhänger pflegten hier ihre Erstgeborenen »durchs Feuer gehen zu lassen«, d. h. zu opfern. Ursprünglich trug die Schlucht einfach nur den Namen ihres Besitzers Ben Hinnom. Aus dem privaten Namen Ben Hinnom [Sohn des Hinnom] wurde in Verbindung mit der Schlucht, in der der Moloch hauste, die Bezeichnung für »Hölle«, und die heutige hebräische Bezeichnung für Hölle [gehinnom] ist von ihm abgeleitet. Emek Refa'im, das Tal der bösen Geister, ist in der Hebräischen Bibel als Ort erwähnt, an dem König David Schlachten zur Eroberung des Landes schlug. Refa'im war der Name eines frühen kanaanitischen Volksstamms. Die biblischen Israeliten hefteten dem Namen ihrer riesenhaften Feinde die Bedeutung »böse Geister« an. Ein abgenutzter alter Scherz über die Schrecken Jerusalems bezieht seine Pointe aus einem Stelldichein an der Kreuzung Emek Refa'im (Tal der bösen Geister) / Gai Ben Hinnom (Höllenschlucht). Aber meistens benutzen die Jerusalemer diese Ortsnamen, ohne über ihre ursprüngliche Bedeutung nachzudenken.

Emek Refa'im ist die Hauptverkehrsader des deutsche Kolonie genannten Stadtteils, in dem sich seit 1967 ebenfalls ein beträchtlicher Wandel vollzogen hat; die einst abgelegene, verträumte Wohngegend mauserte sich zu einem wichtigen, pulsierenden und geschmackvoll restaurierten Zentrum nach dem Muster alter europäischer Stadtkerne. Im Jahre 1873 errichteten deutsche Christen, Angehörige des Templerordens, die im Heiligen Land ein neues Volk, das »Volk Gottes« und die »Kirche Gottes« gründen wollten, in Jerusalem einen Stützpunkt. Bis in unsere Zeit hinein zählen die damals von ihnen erbauten Häuser zu den schönsten der Stadt; dazu gehört z. B. auch das vom deutschen Architekten Konrad Schick entworfene Leprakrankenhaus im Herzen Talbiehs, dem edelsten Viertel der jüdischen Weststadt, das bis vor einigen Jahrzehnten rein arabisch war, oder das nicht weit vom Leprakrankenhaus entfernte »Institut für die Erforschung des Orients« und andere Bauten mehr. Die Templer ließen sich am tiefsten Punkt eines Berghanges nieder. Das erste, »Stein der Hilfe« genannte Haus baute sich ein Müllermeister namens Matthias Frank, der in den siebziger Jahren des vorigen Jahrhunderts mehrere Grundstücke in Emek Refa'im erwarb. 1875 standen im »Tal der bösen Geister« – eine

Straße dieses Namens gab es damals noch nicht – sieben Gebäude; 1883 zählten zur deutschen Kolonie bereits fünfzehn Privathäuser und zwei öffentliche Einrichtungen, darunter ein Versammlungshaus, das heute armenischen Christen als Kirche dient.

Die Straßen der deutschen Kolonie stoßen rechtwinklig aufeinander, und in ihnen stehen zweistöckige Häuser mit roten Ziegeldächern und geräumigen Kellern zum Einlagern der Ernte, denn in den ersten Jahren lebten die Einwohner von der Landwirtschaft. Die Gehöfte standen vereinzelt im Gelände, und ihre Gärten waren von hohen Mauern umgeben. Als Kaiser Wilhelm II. Jerusalem im Jahre 1898 einen Besuch abstattete, lebten in der deutschen Kolonie etwa vierhundert Menschen. In ihren Anfangstagen war sie von der Stadt aus schwer zu erreichen; den ersten Verkehrsanschluß brachte die Verlegung der Schienenstränge von Jaffa nach Jerusalem. Jerusalems Bahnhof, eines der gefälligsten Bauwerke der Stadt, zur Zeit allerdings wegen – vielleicht einmal – vorzunehmender Schienenreparaturen unbenutzt, wurde neben der deutschen Kolonie errichtet. Heute ist dieser Stadtteil eine pulsierende säkulare Enklave normalen Lebens, und an vielen seiner malerischen Bauten findet man arabische Stilelemente. Diese Häuser waren im Besitz 1948 geflohener arabischer Familien und gehören seit einigen Jahren zu den begehrtesten der Stadt, sei es nun als Wohn- oder als Geschäftsraum. Wann immer ich durch die Emek Refa'im Straße fahre, stelle ich mir vor, ich könnte ihre gelassene

Schönheit und den ruhigen Charme arglos genießen und mich ohne weiteres den Aufgaben des Lebens widmen, wenn es mich in einer anderen, fremden Stadt in eine solche Gegend verschlagen hätte. Nun aber schneidet mich in der milden Sonne, der Jerusalems Einwohner und Straßenkatzen ihre Glieder entgegenstrecken, unter lautem Hupen ein kleiner Peugeot und rast auf der Gegenfahrbahn weiter. Wut auf den Fahrer, dessen schönes Profil ich flüchtig sah und das mir überheblich und kühn erschien, steigt in mir auf; alle Begriffe, mit denen sich die brutale Macho-Arroganz des israelischen Mannes beschreiben läßt, rattern durch mein Hirn, als ich, fest entschlossen, dem rücksichtslosen Menschen eine Lehre zu erteilen, aufs Gaspedal steige, aber während ich links in die enge Graetz-Straße abbiege, eine allen Einheimischen bekannte Abkürzung zwischen Emek Refa'im und Rechavia, an deren Ecke das wundervolle, ebenfalls von den deutschen Templern 1890 erbaute Naturkunde-Museum steht, wird mir bewußt, daß in der Miene des Fahrers auch etwas Verzweifeltes lag, und so entscheide ich, oder besser: so erlaube ich mir, geistesabwesend zu entscheiden, daß es sich diesmal nicht um den typischen protzigen Männlichkeitswahn gehandelt hat, sondern möglicherweise um ein plötzlich aufgetretenes, furchtbar dringendes persönliches Problem, und daß es wohl das beste ist, den jungen Mann einfach weiterfahren zu lassen.

Abb. 5: Ben Hinnom Schlucht 1950
Abb. 6: Ben Hinnom Schlucht 1997

So setze ich denn meinen Weg fort, von der Graetz-Straße am Naturkunde-Museum vorbei in Richtung Marcus-Straße, die schon in Talbieh liegt, erhasche einen Blick auf die Mauer des Leprakrankenhauses, passiere das Jerusalemer Theater – nach der Philanthropin, die den Bau finanzierte, Sherover-Theater genannt – und fahre durch die Balfour- zur Smolenskin-Straße, in der die Residenz des Ministerpräsidenten liegt. Parkende Sicherheitsfahrzeuge und zur Seite gerückte Eisengitter weisen darauf hin, daß die Straße früher am Morgen gesperrt war. An der Ecke lauschen einige Männer mit wacher Konzentration in sich hinein; wer sich in der Stadt auskennt, weiß, daß sie einen Teil ihrer Aufmerksamkeit den in ihren Ohrmuscheln verborgenen Empfangsgeräten schenken. An der Art und Weise, wie sie dastehen, wie sie gekleidet sind – unter blauen Blazern, einem ihrer Erkennungszeichen weltweit, lugen graue Westen hervor – und wegen ihrer Sicherheitsbeamtengesichter erkennt man auf Anhieb, daß es sich um Sicherheitsbeamte handelt, und fährt täglich an ihnen vorbei, ohne sie noch weiter zu beachten. Auch an dem einzelnen Demonstranten, der gegenüber vom »Kings-Hotel« auf dem Place de France ein Schild mit der in rot und schwarz getuschten Aufschrift »Jerusalems Erde ist heilig, Nethanjahu ein Verräter« trägt, rausche ich gedankenlos vorüber. So wie er da auf der gepflasterten Anhöhe steht, erinnert er mich an die »Frauen in Schwarz«, die sich dort, sommers wie winters, bei Regen und in der Mittagshitze, an jedem Freitag von ein bis zwei

Uhr einfanden und mit schwarz beschrifteten weißen Bannern stumm gegen die israelische Besetzung und für ein Friedensabkommen, für die Rückgabe der 1967 besetzten Gebiete demonstrierten. Autofahrer wurden gebeten, zum Zeichen ihrer Zustimmung zu hupen. Viele von ihnen spuckten auf die Frauen, die dort jahrelang, Woche um Woche, ausharrten und davon erst abließen, als Jizchak Rabin in Camp David den Friedensvertrag mit den Palästinensern unterschrieb. Nach den letzten Wahlen bezogen sie jedoch angesichts Benjamin Nethanjahus tödlicher Verzögerungstaktik abermals dort Stellung.

Und hier, vor dem Place de France, als ich gerade links in die Rambam-Straße, Rechavias Hauptstraße, einbiegen will, überholt mich im absoluten Überholverbot mitten auf der Straße ein rasender, ununterbrochen hupender Lieferwagen. Plötzlich wird auch das Heulen einer Ambulanz vernehmbar, und jetzt begreife ich; begreife und weigere mich noch zu begreifen. Ein Jerusalemer, an dem an einem sonnigen Freitagmorgen zwei Wagen, nicht nur einer, auf diese Art vorbeirasen und der dazu noch unwillig die Sirene eines Krankenwagens zur Kenntnis nehmen muß, weiß, auch wenn er sich für einen Augenblick noch mit aller Kraft an Mozarts Klarinetten-Quintett im Radio festhält, die Steine wie immer im Sonnenschein aufschimmern und Männer und Frauen unbeirrt ihrer Wege gehen, daß etwas geschehen ist. Mit Bedacht verlangsame ich

Abb. 7: Demonstrierende »Frauen in Schwarz« 22. September 1989

TREASON
THE ARABS
THEIR FRIENDS

די
לכיבוש
איזו זכות יש למובארק
לפנות לעמנו מעל
לראשה של ממשלתנו
כדי לשנות מדיניותה?
האין זו חוצפה?

meine Bewegungen, suche – vielleicht, um noch zwei Minuten des Nichtwissens zu gewinnen – nicht sofort nach dem Nachrichtensender und fahre einfach weiter zum Postamt Rechavia in der Keren-Kajemet-Straße.

Es ist in einem kleinen, niedrigen Raum untergebracht, und meistens bildet sich zwischen den beiden Absperrseilen eine Warteschlange. Besser wäre es, wenn ich jetzt nicht dort hineingehen müßte, denke ich nach überstandenem Parkmanöver, denn durch die Glastür sehe ich bereits die langen Reihen vor den Schaltern. Aber der Wunsch, meinem zweiten Sohn, der gerade die Armee-Grundausbildung absolviert und am Schabbat im Lager bleiben muß, ein Paket zu schicken, besiegt die spontane Abneigung. Auf dem Weg zum Eingang – das Postamt liegt an einem kleinen Vorhof hinter einem schmalen Bürgersteig, wo das Parken verboten ist, doch eine Boutiquebesitzerin hat mir erlaubt, mich vor ihr Auto zu stellen – höre ich bereits die Nachrichten, die alle Ladeneigentümer der Straße in voller Lautstärke aufgedreht haben, für sich selbst, aber auch zum Nutzen der Passanten, die mit immer besorgter werdenden Mienen stehenbleiben. Oh, dieser Gesichtsausdruck, der sich sowohl aus einer Schicht »Ich hab's ja gewußt, wie konnte ich es auch nur für einen Moment vergessen?« zusammensetzt als auch aus der blitzartigen Überlegung – ihre Zeichen sind unverkennbar –, ob ein geliebter Mensch oder ein Bekannter am Unglücksort gewesen sein könnte. Mit der für sie typischen kühlen Zurückhaltung wiederholen die israelischen Nachrichtensprecher Einzelheiten der Explosion von heute morgen neun Uhr vierzig an der Ecke Jaffastraße/Machane Jehuda Markt; mit vielen Toten und Dutzenden von Verletzten müsse gerechnet werden.

Im engen, brechend vollen Postamt, wo die Leute sich normalerweise vorzudrängeln versuchen, lauschen alle gebannt. Erst am Ende der Nachrichten bahnen sich kurze Wortwechsel an. »Wie viele?« fragt ein alter Mann, der gerade erst hereingekommen ist und die Ärmel seines karierten Flanellhemds bis zum Ellenbogen aufkrempelt; »Sie wissen es noch nicht«, antwortet eine Frau in der Schlange, die sich angesprochen fühlt, entschuldigend. Für einen Augenblick hatten die milde Sonne und der angenehme Morgen die allgegenwärtige drückende Anspannung aufgehoben, jetzt ist sie schlagartig zurückgekehrt, liegt fast greifbar in der Luft und richtet sich abermals auf den Gesichtern der Menschen ein, sogar ein Quentchen Beruhigung ist ihr beigemischt, denn das Ereignis, dessen schreckliche Bedrohung uns nur kurz entfallen war, hat stattgefunden, es ist bereits geschehen. Über uns dröhnen jetzt Hubschrauber, und der Postbeamte dreht den Nachrichtensender auf; wir erfahren, daß die Explosion nur zwei Todesopfer und einige Verwundete gefordert hat und daß noch ungeklärt ist, ob es sich um ein gezieltes Attentat gehandelt hat. Geprüft werde auch die Möglichkeit eines »Arbeitsunfalls«, also der vorzeitigen Detonation einer Autobombe, die eigentlich an einem anderen Ort und zu einem anderen Zeitpunkt gezündet werden sollte. Deutlich vernehmbare Seufzer der Erleichterung, die Leute beginnen zu reden und sagen, was man in der Regel in solchen Augenblicken sagt, denn auch Gespräche nach einem Anschlag folgen einem Schema. »Gott sei Dank, nicht mehr«, murmelt eine Frau mit Hut und erinnert daran – als wüßten wir es nicht –, wie gedrängelt voll der Machane Jehuda Markt, der größte Jerusalems, freitags meistens ist. »Und Gott existiert doch«, äußert ein junges Mädchen und beleckt eine Reihe von Briefmarken, klebt sie auf einen länglichen Umschlag und stellt dann die Vermutung an, daß sich unter den Toten sicherlich auch der Terrorist selbst befinde, »und das zählt nicht«, erklärt sie in den Raum des Postamts Rechavia hinein. »Jetzt hat er eine Ausrede, das Abkommen hinauszuzögern«, brummt ein stattlicher Herr in Hut und Anzug bitter – niemand fragt, wer –, und ein Streitgespräch über Nethanjahus Politik entbrennt, in dessen Verlauf ein Mann mit Kipa und amerikanischem Akzent hofft, der Herr im Anzug möge recht behalten, und überhaupt müsse das Abkommen annulliert werden, dann widmet man sich der Frage, welche Zugeständnisse Nethanjahu in Wye Plantation an Arafat gemacht habe, im Nu erhitzen sich die Gemüter, aber gleichzeitig mit der Erregung beginnt auch eine gewisse Großmut zu strömen, die in dieser Stadt in solchen Stunden für Augenblicke aufblüht und sich auf feine, manchmal sogar komische Art und Weise bemerkbar macht. In

Abb. 8: Machane Jehuda Markt

anderen Städten der Welt vom Umfang Jerusalems mögen kleine Akte der Rücksichtnahme alltäglich sein, aber für uns hier stellen sie seltene und unerwartete Ausnahmen dar. Wegen des Anschlags streitet sich die Besitzerin der Boutique nicht mit mir über den Parkplatz, wegen des Anschlags gibt mir der Schalterbeamte einen leeren Karton für die Süßigkeiten meines Sohnes, und niemand beschwert sich darüber, daß dies unter Nichtbeachtung der Warteschlange geschieht. Die Postangestellte hilft einer alten Dame, ihr Paket mit einer dünnen weißen Schnur zu verknoten; die Leute erstatten jedem Eintretenden über die Einzelheiten des Anschlags Bericht und wiederholen die Nachricht für jene, die noch nichts davon gehört haben. Für einen Moment geben sich die Menschen dem Bewußtsein der Schicksalsverbundenheit hin; dieser Augenblick ist eine Art typisch israelischer Trost für die Katastrophen, die uns tagtäglich heimsuchen, eine Variante der großen israelischen Volksfamilie, die ihre Verluste gemeinsam betrauert. In dieser Zeitspanne, sie ist ziemlich kurz, denn gleich werden sich bereits abzeichnende politische Meinungsverschiedenheiten die elegische Harmonie aufbrechen, will es scheinen, als hätten die Ereignisse noch einen Nebenertrag, denn die Jerusalemer, von denen auch der Schriftsteller A. B. Jehoschua bezeugt, daß sie schwierig sind (»Jerusalem ist eine schwierige Stadt, und ihre Menschen sind schwierige Menschen« heißt es zu Beginn seines wunderbaren Buches aus den frühen sechziger Jahren, *Drei Tage und ein Kind*), verlieren ihre gewohnte mürrische Zugeknöpftheit – oder sollte man besser sagen, ihre abweisende Schroffheit –, die einem das Leben hier so schwer macht, und lassen sich, als ob sie selbst den Unterschied bemerkten, von der wärmenden, aus großer Angst geborenen Brüderlichkeit durchfluten und genießen sie sogar.

Doch der Augenblick verfliegt, und die rauhe Schale kehrt zurück. Im Hinausgehen höre ich bereits den hinreichend bekannten Wortlaut des Für und Wider. »Da habt ihr euren sicheren Frieden«, zitiert mit zornig zitternder Stimme einer von Rechavias letzten Jecken – aus Deutschland stammende Juden – den Wahlslogan, der Benjamin Nethanjahu an die Regierung brachte. »Und mit der Arbeiterpartei war es besser?« schleudert ihm eine dicke, in einem gepunkteten Kleid steckende Dame mit Doppelkinn entgegen, aber der Jecke hört es nicht, dafür antwortet ihr jemand anders, ein Mann mit Lippenbart und Schmerbauch, der versichert: »Egal, wer regiert, hier gibt es so und so keinen Frieden.« Nun kommt mir all der Sonnenschein, der die rosigen Fuchsien vor dem Blumenladen an der Ecke aufleuchten läßt, trügerisch vor. Seine wohlige Wärme ist zu heiß geworden, unzeitgemäß sengend.

Als ich die Tür meines Arbeitszimmers im Herzen Rechavias hinter mir schließe, klingelt das Telefon, am anderen Ende der Leitung bebt die Stimme meiner Mutter. Sie lebt in Tel Aviv und hat natürlich auch die letzten Nachrichten gehört, nur zwei Tote und einige Verwundete, sieht mich aber trotzdem auf dem Machane Jehuda Markt umherirren und mit der Menge in Flammen aufgehen.

Wie viele Menschen unseres Jahrhunderts, des möglicherweise furchtbarsten, widersprüchlichsten und erschreckendsten überhaupt, betrachte ich das Leben als etwas äußerst Zerbrechliches, besonders in Israel, erst recht in Jerusalem. Schon den Grundzügen ihrer Geschichte ist zu entnehmen, daß keine bestimmte Glaubensgemeinschaft diese Stadt ausschließlich für sich beanspruchen kann. Die heute um ihr Besitzrecht streitenden Parteien halten sich, von der Bronzezeit ausgehend, an einen bestimmten Ereignisstrang und betrachten ihn als einen auch in der politischen Landschaft der Gegenwart noch gültigen Wegweiser. Selbst aus einer fragmentarischen Chronik spricht die Unmöglichkeit einer normalen Existenz. In Jerusalem so leben zu wollen, als sei es eine Stadt wie jede andere, wäre ein Versuch der Nivellierung ihres extremen Geschicks, der unzähligen Umwälzungen und Katastrophen in Form jäher Unglücksfälle, kurzfristiger Mißgeschicke oder gründlicher Vernichtung, die diese Stadt erschütterten, seit König David sie den Jebusitern abrang und zur Hauptstadt des Königreiches Israel machte, und ihm folgte eine lange Reihe von Eroberern und Herrschern, Religionen und Statthaltern, die Jerusalem abwechselnd aufbauten oder völlig verwüsteten. Dies belegt selbst eine knappe Rekapitulation der Kriege – der inneren und der äußeren –, die seit König Davids Tagen über Jerusalem hereinbrachen. Beginnend mit der Zerstörung durch den Babylonier Nebukadnezar im Jahre 586 vor der Zeitrechnung, der den prachtvollen Salomonischen Tempel schleifen ließ, über den Bürgerkrieg von 164 v. Z. zwischen hellenistischen Juden und anderen Gruppen, die zur Tradition zurückkehren und den (bescheidenen, nach der Rückkehr aus Babylon erbauten) Tempel reinigen wollten, den der hellenistische Statthalter Antiochus Epiphanes entweiht hatte (333 v. Z. wurde Jerusalem dem Herrschaftsgebiet Alexander des Großen zugeschlagen, womit die hellenistische Periode einsetzte). 63 v. Z. übernahm Rom die Herrschaft; dies war die Phase, in der Herodes den Jerusalemer Tempel zu einem der eindrucksvollsten Bauwerke des Altertums restaurierte; in dieser Zeit wirkte Jeschu, der Nazarener; und vielleicht schien es damals vorstellbar, daß Jerusalem sich zu einer römischen Provinzstadt entwickeln würde, in der es sich gut leben ließe, aber die scheinbar friedliche Ruhe unter den Statthaltern des Römischen Reiches währte lediglich einen langen (aus der Sicht der hier lebenden Menschen einige Generationen) und zugleich kurzen (nach historischen Maßstäben) Augenblick, nur bis zum Jahr 66 christlicher Zeitrechnung, denn da brach die jüdische Revolte gegen Rom aus, und vier Jahre später verwüstete der römische Kaiser Titus den Zweiten Tempel. Nach dem großen jüdischen Aufstand von 132 eroberte Hadrian die Stadt und zerstörte sie bis auf die Grundfesten; auf ihren Trümmern errichtete er das heidnische römische »Aelia Capitolina«, zu dem kein Jude Zutritt hatte. Erst im Gefolge der moslemischen Eroberung von 638, nach fünfhundert Jahren Exil, wurde den Juden wieder gestattet, sich hier niederzulassen. Zwei Jahrhunderte relativ ungestörter Blüte, das vierzehnte und das fünfzehnte, erlebte Jerusalem unter den mamelukkischen Sklavenkönigen, die während der moslemischen Herrschaft aus Zentralasien in den Nahen Osten gelangt waren und die Stadt – seit 1099 von Kreuzrittern gehalten – in einer Art moslemischem »Anti-Kreuzzug« aus der Hand der Christen zurückeroberten. 1517 setzte die ottomanische Phase ein (die wunderbare alte Stadtmauer baute Süleiman der Prächtige), und Jerusalem harrte als vernachlässigte Provinz vierhundert Jahre unter türkischer Herrschaft aus, bis sie 1917 nach dem Einmarsch General Allenbys dem britischem Mandat Palästina einverleibt wurde. Die Engländer zogen 1948 aus Palästina ab; als Ergebnis des unmittelbar darauf folgenden Krieges zwischen Juden und Arabern zerbrach Jerusalem in zwei Teile. Den Ostteil mit der Altstadt annektierte Jordanien; den westlichen Teil erklärten die Juden zur Hauptstadt des neuen israelischen Staates. 1967 eroberte Israel Ostjerusalem und annektierte es seinerseits. Etliche sind geneigt, die Aufbauleistungen Teddy Kolleks, der nach dem Zusammenschluß dreißig Jahre lang Bürgermeister von Jerusalem war, mit denen der großen historischen Baumeister König Salomon, Herodes, Hadrian, Konstantin, Süleiman dem Prächtigen und Pater Antoine (der für die Errichtung des russischen Komplexes verantwortliche Priester) zu vergleichen. Seit der Eroberung kämpfen Juden und palästinensische Araber tagtäglich um die Vorherrschaft in der Stadt, die an der ambivalenten Last der Verbindung von heilig und alltäglich, Segen und Fluch, Liebe und Angst und, ganz besonders, Reinheit und Verderbnis schwer zu tragen hat. Wie sollte an einem solchen Ort auch nur für ein paar Stunden oder für einen einzigen langen Augenblick so etwas wie ein oberflächliches Idyll möglich sein?

2. Ein Requiem auf die Bescheidenheit

Als zehnjähriges Kind sah ich Jerusalem zum ersten Mal. Es gibt wohl keinen Menschen, den die physische Begegnung mit einem Ort seiner Träume nicht erschüttert; die Wirklichkeit harmoniert so gut wie nie mit dem in unserem Innern eingravierten Bild. Ein Baldachin nationaler, religiöser und historischer Mythen sowie die im Verlauf von Jahrtausenden um die Stadt gewobenen mystischen Schleier sorgen dafür, daß die erste konkrete Begegnung zwischen dem »himmlischen« und dem »irdischen« Jerusalem in der Seele des Unvorbereiteten, der sich die Stadt bisher nur ausgemalt hat, einen Aufruhr auslöst. Anschauliche Schilderungen dieses Zusammenstoßes – auch enttäuschter Zorn ist ihm beigemischt – finden sich in den Schriften der Kreuzritter, die ihre Jerusalem-Eindrücke festhielten; es sei auch an Gustave Flauberts bittere Formulierung erinnert, der die Stadt während seines Besuches im Jahr 1850 »einen von Mauern umgebenen Sarkophag« nannte; bis heute hallt das Echo der tiefen Depression Nicolai Gogols nach, der angesichts der faulenden Häßlichkeit der heiligen Stätten von Übelkeit ergriffen wurde. Herman Melville reagierte mit Entsetzen und Mark Twain mit Sarkasmus; Aldous Huxley versank beim Anblick der Altstadt und ihrer Einwohner in elegischen Schmerz: »Niemals wurde mir der tragische Charakter des Menschseins tiefer bewußt«, formulierte er 1955, fast ein Jahrhundert nach Flaubert.

Wären Vorstellung und Wirklichkeit nicht so schrill dissonant aufeinander geprallt, hätten die Schriftsteller vermutlich nicht so heftig reagiert. Auch Theodor Herzl, dem Visionär des Judenstaates, mißfiel, was er bei seinem ersten Besuch in Jerusalem sah, und er schrieb, mit einem Ausbruch ihm sonst fremder Tatkraft, am 31. Oktober 1889 in sein Tagebuch: »Wenn ich künftig deiner gedenke, Jerusalem, wird es nicht mit Vergnügen sein. Die dumpfen Niederschläge zweier Jahrtausende voller Unmenschlichkeit, Unduldsamkeit und Unreinlichkeit sitzen in den übelriechenden Gassen. ... Bekommen wir jemals Jerusalem und ich kann zu der Zeit noch etwas bewirken, so würde ich es zunächst reinigen. Alles, was nicht Heiligtum ist, würde ich räumen, würde Arbeiterwohnungen außerhalb der Stadt errichten, die Schmutznester leeren, niederreißen, die nicht heiligen Trümmer verbrennen und die Basare anderswohin verlegen. Dann unter möglichster Beibehaltung des alten Baustils eine komfortable, ventilierte, kanalisierte neue Stadt um die Heiligtümer herum errichten.«

Die Wortverbindung »himmlisches Jerusalem« ist nicht nur Ausdruck der jüdischen und christlichen Sehnsucht nach dem Bild einer ideellen Stadt überirdischer Vollkommenheit; sie offenbart zugleich den metaphysischen Teil unseres Bewußtseins, die »höhere« Region des menschlichen Geistes, eine Art Miniaturrepräsentation der spirituellen Sphäre – hier leuchtet das »himmlische Jerusalem«; das »irdische« Jerusalem hingegen berühren unsere Füße, wenn sie den Boden der Stadt betreten, und gelegentlich beben sie vor Widerwillen angesichts dessen, was die Augen sehen müssen.

Als man mich 1957 als zehnjähriges Kind zum ersten Mal nach Jerusalem brachte, hatte ich meinem Bewußtsein bereits eine ganz persönliche, erhabene Version seines Abbilds eingeprägt. In jenen Tagen, als auch der Staat Israel noch in den Kinderschuhen steckte, galt eine Reise von unserer Wohnung in Ramat Gan, damals ein abgelegener Vorort meiner Geburtsstadt Tel Aviv, in die Hauptstadt als umständliche Angelegenheit. Das ganze Land war ein Dorf, und seine Einwohner ertrugen dank der zionistischen und sozialistischen Wertvorstellungen, die die tägliche Mühsal verklärten, Armut und Mangel mit bescheidenem Stolz; begüterte Menschen gab es unter ihnen kaum, nur wenige besaßen ein eigenes Auto. Die Fahrt nahm wohl zwei Stunden in Anspruch, eine lange und anstrengende Reise im Verhältnis zu den im Land anzutreffenden Entfernungen. Nur wer einen äußerst triftigen Grund hatte, verschwendete einen Arbeitstag und ließ

Abb. 9: Blick vom Ölberg auf die Altstadt Jerusalems

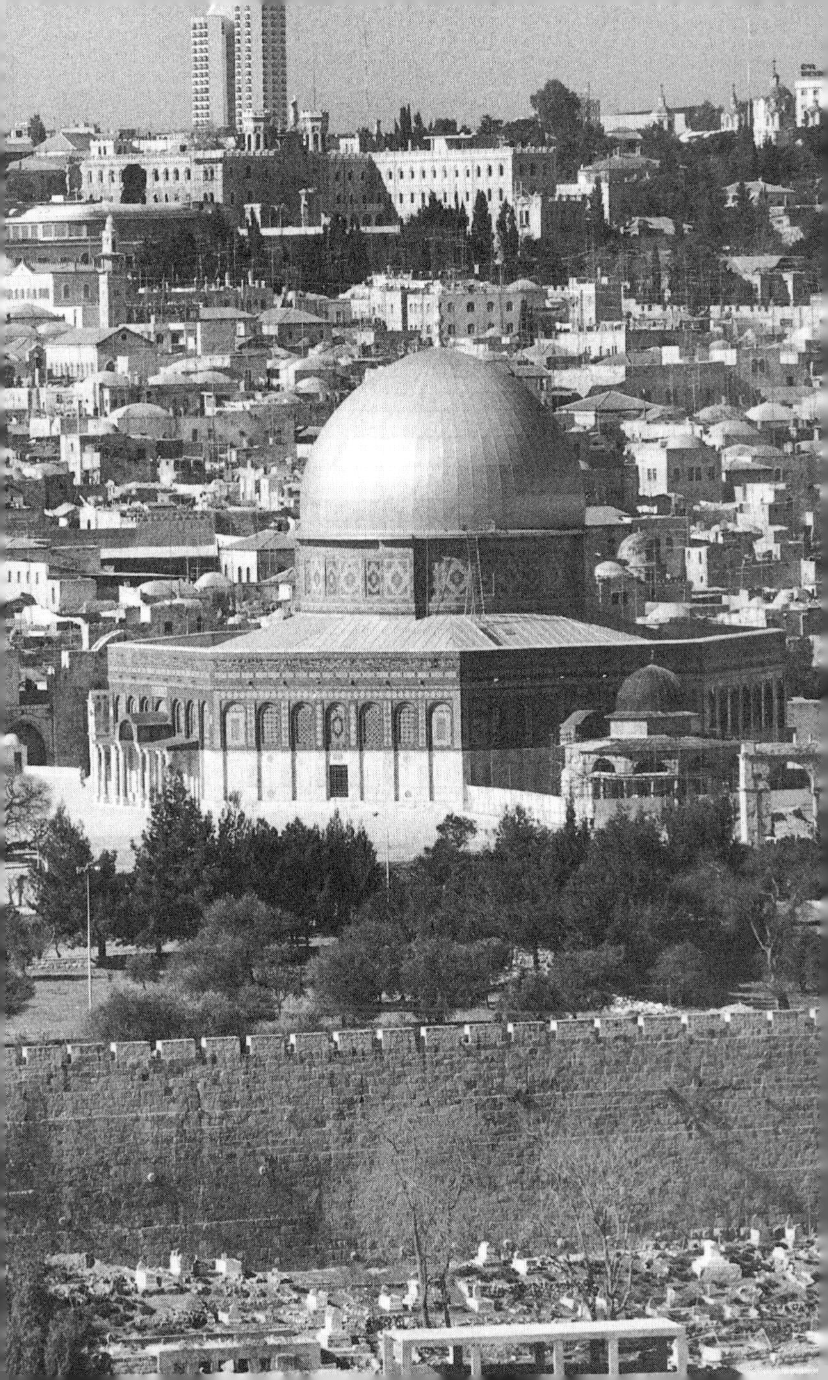

sich vom Autobus durchschütteln, um zur Hauptstadt Jerusalem »hinauf« zu gelangen.

So kam es, daß vor vierzig Jahren, einem Jahrzehnt nach Staatsgründung, wohl alle israelischen Kinder Nathan Altermanns Strophen von der hebräischen Liebe zu Jerusalem »Blau ist das Meer / Jerusalem lieblich gar sehr/ Blau scheint des Himmels Licht / Bis die Nacht anbricht« mit feierlicher Andacht und viel Gefühl sangen, es aber nur wenigen vergönnt war, die Stadt mit eigenen Augen zu sehen. Der gesamte hebräische Nachwuchs stand ab Kindergartenalter mit großem Ernst in weißen Hemden und blauen Hosen stramm – die seinerzeit bei allen feierlichen Anlässen übliche Uniform in den Farben der israelischen Flagge, auf die man heute nur noch am Schoah-Gedenktag und am Gedenktag für die Gefallenen der israelischen Streitkräfte zurückgreift – und schmetterte mit rührender Andacht Lieder zum Ruhm der Hauptstadt.

Unser Jerusalembild prägten die Holzschnitte von Gustave Doré aus dem Band *Die Bibel in Bildern*, der damals in vielen säkularen Häusern Israels zu finden war und die Art und Weise, wie sich die biblischen Geschichten unserem Bewußtsein einprägten, entscheidend beeinflußte. Waren in ihm auch nicht alle biblischen Geschichten illustriert, so wußten wir die fehlenden ohne weiteres in schwarzweißer Doré-Manier zu ergänzen: Isaaks Fesselung, die Vertreibung Hagars und Ismaels, Jakobs Traum, Moses steigt vom Berg Sinai herab und zerschmettert die Gesetzestafeln, David beobachtet die auf dem Dach ihres Jeru-

Abb. 10: Eine Autoreise in den 50er Jahren

salemer Hauses badende Bathseba. Zwar fand sich im Doré-Album keine Ansicht der antiken Stadt ohne die biblischen Helden, aber ich schuf mir, von ihm inspiriert, ein Phantasiebild. Unter dem Einfluß der beiden Bücher Samuel, der größten Romane aller Zeiten, die wir zum ersten Mal in der vierten Klasse der Grundschule, als Neunjährige, durchgenommen hatten, und vielleicht aufgrund der suggestiven Kraft der Geschichten von Saul, der um einen Kopf größer war als alles Volk, seine Eselinnen suchen ging und zum König gesalbt wurde, vom rötlichen David mit den schönen Augen, der imstande war, sowohl den Philister Goliath zu bezwingen als auch mit seinem Leierspiel Sauls bedrückten Geist zu beleben, vom Kampf um Gilboa und vom Tod Absaloms malte ich mir Jerusalem, die Hauptstadt meiner damals noch mit unversehrter Liebe geliebten Heimat, als schwarz-weißen Doré-Holzschnitt aus, von jenen Geschichten durchsetzt und darüber hinaus mit Rauchsäulen, schreiendem Purpur und schwarzer Nacht versehen.

Der offizielle Lehrplan, dem meine Grundschule in Ramat Gan folgte, sah für zehnjährige Schüler einen Ausflug nach Jerusalem vor; an diesem Tag sollten die Kinder Brennpunkte und historisches Erbe der Stadt kennenlernen und somit ihre nationale Identität stärken. Keiner unserer damaligen Erziehungswissenschaftler hat je ein Vergnügen ersonnen, das nicht zionistischen Zwecken gedient hätte. Die erzieherischen Grundsätze der staatlichen Schulen zielten alle auf die Verfestigung des sogenannten

»Schmelztiegels« ab (als kleines Mädchen stellte ich mir den Schmelztiegel als einen riesigen, furchteinflößenden Behälter vor, in dem Menschen geschmolzen wurden und sich während eines geheimnisvollen Vorgangs in sämige, flüssige, in Farbe und Substanz an Kiefernharz erinnernde Masse verwandelten), der eine uniforme israelische Identität hervorbringen und die Merkmale der ursprünglichen Herkunft der Kinder schnellstens verwischen sollte; Jerusalem kennenzulernen galt als ein Höhepunkt unseres Lebens, wir würden dem neuen Antlitz unserer »ewigen Hauptstadt« von Angesicht zu Angesicht gegenübertreten.

Seit dem israelisch-jordanischen Waffenstillstandsabkommen von Dezember 1948, das die Teilung der Stadt verankerte, waren weniger als zehn Jahre vergangen. Das Stadtgebiet wurde von einer sieben Kilometer langen Trennlinie durchzogen, vom Dorf Beit Zafafa im Süden bis zu den Vierteln Schmuel Ha-Navi und Sanhedria im Norden. Jordanien beherrschte die Altstadt und den Ölberg und damit alle heiligen Stätten außer dem Zionsberg, der dem israelischen Staatsgebiet zugeschlagen worden war. Die Ausmaße des westlichen, also jüdischen Teils entsprachen denen einer bescheidenen Kleinstadt. Im Jahr 1949 waren die einzelnen Institute der Hebräischen Universität über die ganze Stadt verstreut, Ende der Fünfziger konnte dann der Campus in Giv'at Ram eingeweiht werden; das neue Hadassah-Universitäts-Krankenhaus wurde in Ein Kerem errichtet, beide Institutionen lagen nun also am

Abb. 11: Das Löwentor

Westrand der Stadt und ersetzten die alten Gebäude auf dem Skopusberg, zu denen die Jordanier einer israelischen Fahrzeugkolonne nur einmal wöchentlich Zugang gewährten.

Nach dem Unabhängigkeitskrieg war die israelische Hauptstadt von drei Seiten umzingelt, die einzige Außenverbindung stellte ein Weg durch den bergigen Korridor zur Küstenebene dar. Gerade wegen der Kleinheit und Geschlossenheit der Stadt und aus dem Wunsch heraus, ihre spirituelle Bedeutung in Stein zu manifestieren, siedelte die Regierung ab 1949 Ministerien und Behörden sowie nationale Gedenkstätten in Jerusalem an. Der Oberste Gerichtshof wurde zum Beispiel im September 1949 am Russenplatz untergebracht, im Gebäudekomplex, der heute Zivil- und Verkehrsgericht sowie die Polizeizentrale beherbergt, in der Michael Ochajon arbeitet, der fiktive Kommissar aus den von mir verfaßten Kriminalromanen; den Sitz der Regierung verlegte man im Januar 1950 nach Jerusalem. Schon damals wurde die offizielle Begräbnisstätte »Har Herzl« zur Nationalen Gedenkstätte erklärt; im August 1949 waren die sterblichen Überreste Theodor Benjamin Ze'ev Herzls aus Wien hierher überführt und auf dem nach ihm benannten Herzl-Berg bestattet worden. Erst Ende der fünfziger Jahre stellte man die 1951 begonnene Gruft fertig, und hierher, zum Grab des Visionärs des jüdischen Staates, zur Begräbnisstätte der Großen des

Abb. 12: Das Grab von Theodor Herzl

הרצל

Zionismus und der Nation und zum ebenfalls am Har Herzl gelegenen Militärfriedhof, brachte man uns, zehnjährige Kinder, die anläßlich des jährlichen Schulausflugs zum ersten Mal in ihrem Leben in die Hauptstadt hinaufgefahren waren.

Der Weg nach Jerusalem führte in jenen Jahren durch den Ort Ramle, der nun seit mehr als dreißig Jahren von der 1967 gebauten Schnellstraße umgangen wird (eine schicksalhafte Umgehung, die eine der wenigen israelischen Kleinstädte, in denen Araber und Juden zusammenleben, in kümmerlicher Häßlichkeit erstarren ließ). In Ramle hielten unsere Autobusse, wir durften aussteigen, die Glieder strecken und Eis schlecken (das Eis von Ramle war weit über die Stadtgrenzen hinaus als eine Art Ambrosia bekannt). Einige Kilometer hinter Ramle passierten wir Beit Schemesch, damals noch eine Einwandererstadt in Windeln; Beit Schemesch hat zwar eine eigene Stadtverwaltung, ist aber heute nicht viel mehr als ein Jerusalemer Vorort. Unsere guten Lehrerinnen wiesen voller Stolz auf die Wohnblöcke, die man in aller Eile für die Einwanderer, die in jenen Jahren das Land überfluteten, hochgezogen hatte. Hinter Beit Schemesch begannen die Autobusse, den »Korridor«, die sich windende, schmale, nach Jerusalem hinaufführende Höhenstraße, zu erklimmen.

Heute führt eine Autobahn von Tel Aviv nach Jerusalem. Sie wurde, wie gesagt, 1967 nach dem Sechs-Tage-Krieg gebaut – ich war damals zwanzig Jahre alt – und führte zu einer spürbaren Verkürzung des Weges. Wer heute in die Hauptstadt fährt, braucht weder die Gassen von Ramle noch Beit Schemesch zu passieren. Aber damals, auf dem Schulausflug vor vierzig Jahren, befuhren wir die einzige Straße, die es gab, und erreichten etwa zwanzig Kilometer vor der Stadt die enge, sich schlängelnde zweispurige Straße, die damals ausschließlich unter ihrem arabischen Namen »Bab-El-Wad« bekannt war – die hebräische Übersetzung »Scha'ar Hagai« (Tor zur Schlucht) klang uns fremd und gezwungen. Während die Autobusse die Steigung erklommen, zog eine fremdartige Landschaft an uns vorbei. Was wir aus den Fenstern sahen, schienen übermächtige Berge und schwindelnde Abgründe zu sein, zwischen denen wir mit nicht alltäglicher Erregung zur verwunschenen Hauptstadt hinaufkrochen.

Obwohl die Scha'ar-Hagai-Strecke heute viel kürzer und angenehmer ist als früher, eine vierspurige Fahrbahn mit Leitplanken zwischen den Fahrspuren und seitlichen Wällen, die vor der Tiefe schützen, und obwohl die Berge eingeschrumpft sind und man nur an einem Punkt noch an die Möglichkeit des Abstürzens erinnert wird (in den einzigen ungeschützten Abhang riß ein palästinensischer Terrorist, der dem Fahrer ins Lenkrad griff, vor einigen Jahren einen dichtbesetzten Autobus der Linie Tel Aviv-Jerusalem), »fährt« oder »kommt« der Mensch nicht einfach nach Jerusalem; im hebräischen Sprachgebrauch »steigt« man vielmehr aus der Küstenebene in die Haupt-

Abb. 13: Die Straße Scha'ar-Hagai nach Jerusalem

stadt »hinauf«, und man »steigt hinab«, wenn man sie verläßt, genauso wie ein Einwanderer nach Israel ein »Aufsteigender« ist, und der Auswanderer dementsprechend ein »Absteigender«. Treffender beschreibt kein anderer Ausdruck das Verhältnis zwischen dem Land und seiner Hauptstadt, und der anderen Seite der Gleichung entnehmen wir die Mitteilung, daß diese eine Stadt und das ganze Land Israel von außen gesehen gleichwertig sind.

Die Metapher vom »Aufstieg« nach Jerusalem ist wegen der neuen Straßen inhaltslos geworden, lebt als bloße Sprachhülse weiter, als vage Erinnerung an einmal Gewesenes. Die steile, gewundene Straße, von der heute lediglich eine gefährliche Kurve unter der Castel-Anhöhe übrigblieb, ist zu einer Fahrbahn wie alle anderen geworden, und wäre nicht das von einem Augenblick zum anderen wechselnde Jerusalemer Licht, das immer anders ist, sich vom Licht der ganzen restlichen Welt unterscheidet und den zur Stadt hinaufführenden Korridor nach wie vor in Glanz badet, und wäre nicht die auch in den abgeflachten und halb ausradierten Bergen noch immer frischer und reiner werdende Luft, so würde nichts mehr an die ehemals so beeindruckende und furchteinflößende Majestät des Weges erinnern. In meiner Kindheit war die enge, gewundene Straße ein ununterbrochener steiler Anstieg in schwindelnde, uns, den Kindern der Küstenebene, ganz und gar unbegreifliche Höhen, und die Zeichen am Wegrand verbanden uns nicht nur mit Bildern und Geschichten aus biblischer Zeit, sondern auch mit ganz aktuellen

Berichten von Blut und Tod, von Menschen, die während des Unabhängigkeitskrieges von 1948 ihr Leben geopfert hatten, um die Belagerung Jerusalems zu durchbrechen. Um jedes Zeichen am Wegrand rankten sich bekannte Namen, bereits ins Album der Erinnerungen eingereihte Bilder. An einem Hang zu seiten der »Scha'ar Hagai«-Strecke lagen damals schon zehn ausgebrannte Kadaver von Panzerwagen, natürliche Denkmäler der Kämpfe um den Durchbruch nach Jerusalem, deren Einwohner Hunger und Durst litten, als sie während des Unabhängigkeitskriegs von 1948 für sechs Monate von der Außenwelt abgeschlossen waren.

Unsere vollgepackten Autobusse hielten neben den Ruinen der Panzerwagen, und wohl einhundertzwanzig Zehnjährige sprangen heraus, unter ihnen drei Halbwaisen, deren Väter im Unabhängigkeitskrieg gefallen waren, und ein Mädchen, dessen Onkel bei einem der Kämpfe innerhalb Jerusalems sein Leben lassen mußte. Von allen israelischen Kindern genossen in den Augen ihrer Freunde diejenigen das höchste Ansehen, die im Befreiungskrieg einen Familienangehörigen verloren hatten. Als die Autobusse am Wegrand neben den bereits rostenden Skeletten der Panzerwagen Rast machten und wir andächtig-feierlich das israelische Lied mit dem Text des Dichters Chaim Gouri, auch er Soldat und Kämpfer im Befreiungskrieg, summten: »Bab-El-Wad / Erinn're dich unsrer Namen für immer / Konvois durchbrachen die Sperre zur Stadt«, erduldeten die verwaisten Kinder – etwas verlegen vielleicht, aber in erster Linie stolz – gesenkten Hauptes das mit Bewunderung durchsetzte Mitleid, das ihnen all die anderen entgegenbrachten, und dazu den Anhauch dessen, was wohl stumme Eifersucht genannt werden muß. Denn dort, zu seiten der engen, gewundenen Straße, den geschundenen Panzerwagen gegenüber, standen wir vor der komprimierten Verwirklichung unserer Vision von Heldentum und Kampf. Und in jenen Tagen – man mag heute darüber denken, wie man will – kannten wir nichts Erhabeneres. So geschah es also, daß eine unserer Grundvorstellungen von Jerusalem nur wenige Stunden, bevor wir zur Begräbnisstätte der Großen der Nation gelangten und die Gruft Theodor Benjamin Ze'ev Herzls umstanden, eine ganz konkrete Bekräftigung erfuhr. An jenem Tag – er war heiß, stickig und bedeckt, eingehüllt in den trockenen Ostwind des Herbstanfangs – und in jenen Stunden konfrontierte bereits die Anfahrt uns mit dem Anblick von Blut und Tod.

Auch heute sind die Reste der Panzerwagen von der Scha'ar-Hagai-Strecke aus – inzwischen hat sich der hebräische Name gegenüber dem von uns damals bevorzugten arabischen durchgesetzt – gut sichtbar. Aus dem schmalen Rechteck eines ehemaligen Sehschlitzes flattert eine kleine blauweiße Flagge; auf niedrigen Säulen wurden Erinnerungstafeln angebracht, die wie Gebetspulte in Synagogen wirken, alljährlich werden die Blechruinen frisch gestrichen, und an jedem Vorabend des Gedenktages für die Gefallenen der Streitkräfte legt man hier mit schwarzen Trauerbinden und roten und blauen Frühlingsblumen geschmückte Kränze nieder.

Als ich ein kleines Mädchen war, haftete diesen Skeletten und ihren rußig-schwarzen Brandspuren noch Leben an; heute sind sie mit bräunlich-roter Farbe gegen Rost geschützt und wie Monumente in photogene Positionen gerückt worden, historische Ausstellungsstücke, Denkmäler, an denen täglich Tausende vorbeirauschen und sie ohne seelisches Wimpernzucken aus den Fenstern ihrer japanischen Autos oder der vollklimatisierten, rasanten Reisebusse mustern. Damals jedoch waren sie ein frisch ausgehobenes offenes Grab, Gliederteile der toten Helden, die sie beim Versuch, nach Jerusalem durchzubrechen, gesteuert hatten. Auch ihretwegen war der Aufstieg nach Jerusalem überaus dramatisch und erhaben, ihretwegen und wegen der scharfen Windungen und des tiefen Abgrunds jenseits der Autobusfenster.

Manchmal mustere ich die Gesichter meiner Kinder, wenn sie auf der Strecke von oder nach Tel Aviv im Fond des Wagens sitzen. Sie blicken geradeaus und fahren ohne zu blinzeln an den Skeletten der Panzer vorbei. Auf der breiten, vierspurigen Autobahn, angesichts der sanften, längst nicht mehr bedrohlichen Hügel zu beiden Seiten widmen die Kinder ihre Aufmerksamkeit der Suche nach dem besten Empfang des Senders, der pausenlos die bei Jugendlichen in aller Welt beliebte Popmusik spielt. Ich betrachte ihre Mienen und die Kronen der Kiefern (nur wenige haben den großen, von Palästinensern entfachten

Brand überlebt, eine der in letzter Zeit immer effektiver gewordenen arabischen Protestmethoden), die kahlen und (da die jetzige Straße viel höher liegt) eingeschrumpften Berge und die neuen Vororte Jerusalems, die sich immer weiter ausbreiten, weil die mittelständischen säkularen Einwohner die Stadt verlassen, um sich draußen, an der Strecke nach Tel Aviv, anzusiedeln. Die Kinder sind ausgeglichen und verlieren ihre Gemütsruhe auch dann nicht, wenn ihre Blicke zufällig die Panzerwagenruinen streifen, die ich selbst auch heute noch nicht ohne innere Erregung passieren kann; sieh einmal an, denke ich mir dann, unsere Kinder sind ganz normal, ihre israelische Identität ist ihnen so selbstverständlich, daß sie der blutgetränkten Vergangenheit nicht bedürfen, um ihr nationales Bewußtsein zu stärken. Und nur ihre Eltern, meine Generation, und ihre Großeltern sind zur lebendigen Erinnerung an Heldentum und Opfer verdammt, sie ist wie in unser Fleisch tätowiert und bleibt erhalten, auch wenn uns das tröstliche Gefühl von der würdevollen Erhabenheit der Vergangenheit, das uns als Zehnjährige erfüllte, verlorenging.

Denn damals, während des Schulausflugs, verspürten wir etwas von der Freude des geteilten Leids und vom Trost der feierlichen, gemeinschaftlichen Trauer, die zu einer kraftvollen Katharsis ineinanderströmten. Aus ihr saugten wir erneut die Bestätigung unserer unerschütterlichen Zugehörigkeit zum antiken Stamm, der mit Blut, Feuer und Rauchsäulen wiedererstanden war. Aus der uns alle durchflutenden elegischen Gemeinschaftstrauer speicherte sich unsere nationale Identität. Auf diesem feierlich-erhabenen, unschuldig sich selbst ergebenen Schmerz basierte unsere fraglose Zugehörigkeit zum israelischen Staat.

Von offizieller Seite wird heute versucht, etwas von diesem getragenen, die Herde vereinenden Leid am Leben zu erhalten. An den Gedenktagen für die Gefallenen, deren Zahl von Tag zu Tag steigt, und jedesmal, wenn ein Terroranschlag Menschenleben gefordert hat, senden sämtliche Radiostationen die allseits bekannten, wehmütigen, in den ersten Tagen des Staates entstandenen Lieder von Schmerz und Verlust. Man kann sich des Eindrucks nicht erwehren, daß diese fast automatisch ausgestrahlten Programme bestimmten Richtlinien folgen (wobei unklar bleibt, ob diese ausformuliert oder den Instinkten von Redakteuren und Programmdirektoren überlassen sind); ähnlich gezwungen wirken die offiziellen, schreiend anachronistischen Gedenkzeremonien. Von oben gesteuerte Leidkundgebungen können nur noch mit sarkastischen Bemerkungen rechnen; eine alle vereinende Nationalklage kommt bei solchen Anlässen nicht mehr zum Ausdruck.

Die israelische Trauerindustrie ist noch peinlicher als die Übelkeit, die mich als Zehnjährige würgte, den ergreifenden Anblick in den Schatten stellte und meine Versuche vereitelte, mich dem Leid um die beim Durchbruch nach Jerusalem gefallenen Kämpfer mit Haut und Haaren zu überlassen und in der taufrischen Mythologie vom neuen Hebräertum der in Liedern und Geschichten als rein, goldschöpfig und blauäugig besungenen Helden, die mit ihren Körpern die feindlichen Linien durchstoßen hatten, zu schwelgen.

Die dem Weg zur Stadt damals innewohnende erhabene Schönheit, seine Farben und die reine Luft hat Schmuel Josef Agnon in einem seiner größten Romane, *Gestern, vorgestern*, dem hebräischen Opus von der »Zweiten Alija«, beschrieben. (»Zweite Alija«/Zweite Einwanderungswelle nennt man den Zustrom von Juden aus Osteuropa und Rußland zu Beginn unseres Jahrhunderts bis zum Ausbruch des Ersten Weltkrieges – etliche Jahre vor der Staatsgründung – nach Palästina.) Im Eröffnungssatz von *Gestern, vorgestern* wird erzählt, wie und warum Jizchak Kummer, der erste ausgesprochene Anti-Held der neuen hebräischen Literatur, ins Land einwanderte: »Wie unsere anderen Brüder, die Bringer unserer Erlösung, die Männer der zweiten Einwanderungswelle, so hatte auch Jizchak Kummer sein Land verlassen, seine Heimat, seine Stadt, und war ins Land Israel hinaufgezogen, um es nach der Zerstörung neu aufzubauen, sich an ihm zu erbauen.«

Dieser Satz, der neben dem deutlichen Hinweis auf unseren Erzvater Abraham, dem im Buch Genesis befohlen wird, aus seinem Land und seiner Heimat fort in ein unbekanntes Land zu ziehen, weitere literarische Anspielungen enthält (u. a. auf Verse eines hebräischen Liedes, das biblischen Erlösungsprophezeiungen entnommen und von den ersten Pionieren gesungen wurde: »Wir sind gekommen, das Land aufzubauen und daran erbaut zu werden«), gibt in verdichteter Form bereits Auskunft über die Bedeutung des langen, tragischen Romans von Agnon und vielleicht sogar über die Tragödie des Zionismus, so wie sie sich heutigen Augen darstellt.

In der ersten Hälfte des Romans versucht Jizchak Kummer, »sich an ihm zu erbauen«, das heißt, sich im neuenalten Land Israel durch die selbst auferlegte Trennung von Heimat, Geburtsstadt und Familie – kurz von allem, was man Diaspora nannte – zu emanzipieren und zum »neuen Hebräer« zu werden, dem Ideal der nach Erez Israel strebenden Exiljuden. Aus diesem Grund läßt er sich in Jaffa nieder und verdient seinen Lebensunterhalt mit bäuerlichen Arbeiten. In der zweiten Hälfte des Romans zieht Jizchak Kummer von Jaffa nach Jerusalem und ergreift das Malerhandwerk.

Den Widerspruch zwischen dem zionistischen Wunsch, eine neue Gesellschaft hervorzubringen, die sich radikal vom Stereotyp des jüdischen Lebens in der Diaspora unterschied, und der Umsetzung dieses Strebens in Jerusalem hat der israelische Philosoph Avischai Margalit in seinem Essay *Der Jerusalem-Mythos* (im Dezember 1991 im *New York Review of Books* erschienen) äußerst treffend formuliert: »Auf der ganzen Welt war kein Ort zur Schaffung solch einer neuen Gesellschaft ungeeigneter als Jerusalem«, schrieb Margalit, »die Stadt war nicht nur von Fremden bevölkert, sondern auch vom ›alten jüdischen Jischuv‹; in ihr gab es Viertel, deren Bewohner tiefer im Exilzustand lebten als die von den Zionisten zurückgelassenen Diasporajuden. Die meisten der Jerusalemer Juden gehörten einer ultraorthodoxen Gemeinschaft von eben der Art an, gegen die sich die Zionisten auflehnten: Sie finanzierte sich von Spenden und wies nicht die geringste Spur des produktiven Lebens auf, das den Zionisten vorschwebte. Hieraus entstand die Spannung zwischen dem Verlangen, in die historische Landeshauptstadt zurückzukehren, und der Sehnsucht nach einem ganz neuen Ort, einer Tabula rasa. Daß die Zionisten es vorzogen, sich in den goldenen Dünen von Tel Aviv eine neue hebräische Stadt zu erbauen, ist daher nicht weiter verwunderlich.«

In der zweiten Hälfte des Romans *Gestern, vorgestern* macht sich Jizchak Kummer aus Gründen, die Agnon mit genialem Realismus und der für ihn typischen Mehrdeutigkeit ausmalt, nach Jerusalem auf und lebt dort bis zu seinem jämmerlichen Tod. Von Anfang an ist klar, daß Jizchak Kummers Aufstieg nach Jerusalem ein fataler regressiver Schritt ist, zu dem er sich von unbewußten Sehnsüchten hat treiben lassen. In Jerusalem bringt er sich durch eine Serie von unbedachten Handlungen ins Verderben. Sein Tod – durch den Biß eines möglicherweise tollwütigen Phantasiehundes Balak, den »irren Hund« nennt Agnon ihn – kann so ausgelegt werden, als sei Jizchak Kummer das Opfer gewesen, um dessentwillen die Jerusalem marternde Dürre endlich ein Ende findet. »Am Tage, an dem Jizchak zu Grabe getragen wurde, bewölkte sich der Himmel. Die Sonne wurde von Wolken bedeckt, ein Wind kam auf, und mit ihm kamen Wetterleuchten und Donnerrollen«, heißt es im letzten Kapitel des Romans.

Für den bitteren Beigeschmack dieses Opfers ist unter anderem die für Agnon typische Ironie verantwortlich; natürlich hat Jizchak Kummers Tod den ausbleibenden Regen nicht heraufbeschworen; eine solche Rechtfertigung für das groteske Sterben des Helden im religiösen Meah Schearim-Viertel erwarten und finden nur romantische, nach Kausalität und dem Sinn der Welt suchende Leser. Von der Spiegelung Jerusalems im Roman *Gestern, vorgestern* wird im weiteren noch die Rede sein. Bevor die Handlung abrollt, beschreibt Agnons allwissender Erzähler in einem großen lyrischen Moment den Augenblick, in dem sein naiver Jizchak Kummer in einer Kutsche auf der »Scha'ar Hagai«-Strecke vom Anfang des Jahrhunderts durch den Korridor zur Stadt emporklimmt; man ist ihr schon recht nahe, hat aber ihre Tore noch nicht erreicht: »Die Kutsche fuhr zwischen Felsplatten und Steinblöcken hindurch, zwischen runden Erhebungen und zackigen Felsen. Diese zeigen ein Antlitz voll Grimm und jene eines voll Schrecken. Diese wie jene lauern darauf, über die Erde zu ihren Füßen herzufallen, die zu Staub zerrieben ist; die zermahlene Erde rollt sich zusammen wie eine Schlange und windet sich um die Kutsche. Noch war es ihr nicht gelungen, das Gefährt zu verschlingen, da hatten die Pferde es weitergezogen, und die Erde fiel Glied um Glied von ihm ab. ... Ein Wind stand auf und kam herangeweht, lief kräuselnd über den Staub am Boden und klatschte dem

Abb. 14: Altstadtmauer

Fels auf die Backe. Ein Wandel vollzog sich ringsum; es säuselte, einem Klagegesang gleich, in den Bergen. ... Jizchak blickte vorwärts, und sein Herz begann zu klopfen, wie es einem klopft, wenn man sich seinem Ziele nähert. Die Stimme des Alten, der Gebetsweisen summte, war tröstlich, und er streifte seinen Herzenskummer ab. Plötzlich enthüllte sich vor ihm Jerusalems Stadtmauer, mit rotem Feuer durchflochten, mit Gold durchwunden, von grauem Gewölk umflossen, darunter sich blaue Wolken mischten; ihre Formen zeichneten sich in grünem Gold, in lauterem Silber, in blankem Kupfer und in violettem Zinn auf der Mauer ab und waren in sie eingeschnitten. Jizchak richtete sich hoch und wollte etwas sagen. Die Zunge verstummte ihm wie in unhörbarem Gesang. Er setzte sich wieder und saß wie in stillem Tanz.«

Die Beschreibung des Wegs kurz vor der Stadt in *Gestern, vorgestern*, die den mit Stummheit geschlagenen Helden überflutenden Geräusche, Farben und Gefühle enthalten Vorstellungen aus der Thora und der frühen hebräischen Dichtung; in jenen Texten dienen die Wortverbindungen »blankes Kupfer« und »mit rotem Feuer durchflochten, mit Gold durchwunden« zur Beschreibung der Stiftshütte, verweisen also auf den Ehrenthron des Allmächtigen und das Allerheiligste, den innersten Kern des Ersten Tempels, der zu biblischen Zeiten in Jerusalem stand und zu dem allein der Hohepriester Zugang hatte, und auch das nur am Jom Kippur, dem Versöhnungstag.

Wann immer die Erinnerung an die Majestät des einstigen Weges nach Jerusalem in mir aufsteigt, kann ich nicht umhin, auch an die Übelkeit zu denken, die sie begleitete. Denn das scharfe Unwohlsein, das meinem ersten Zusammentreffen mit Jerusalem vorausging, war ganz eindeutig Brechreiz. Vielleicht verursachte ihn die Reisekrankheit, unter der ich als Kind litt und die mir besonders auf kurvenreichen Strecken zu schaffen machte, vielleicht rührte er aber auch vom Geruch harter Eier her, mit denen besorgte Mütter unsere Margarinebrote belegt hatten, die seinerzeit auf Schulausflügen übliche Wegzehrung. Wie auch immer, diese tatsächlich mit dem trockenen, würgenden und im Hals festsitzenden Geschmack harter Eier einhergehende Übelkeit erinnert mich ihrerseits stets an Pasolinis Version der Priesterin von Delphi. In dem Film *Ödipus Rex* des italienischen Regisseurs bleibt der nach dem Weg fragende Ödipus vor der Priesterin des Orakels stehen, einem tierischen Weib, das sich lachend ein hartes Ei in den Mund schiebt. Wer gesehen hat, wie Ödipus die Götter aufsucht und ihnen in der Form atavistischer, harte Eier zermahlender Weiblichkeit begegnet, wird Pasolinis Lektion von der erschreckenden Kluft zwischen dem furchterregend-erhabenen, mit dem Begriff Orakel verbundenen spirituellen Geheimnis und seiner grob-vulgären, grotesken Verstofflichung ein Leben lang nicht vergessen. Mit zehn Jahren wußte ich allerdings noch nicht, daß sich zwangsläufig ein Abgrund öffnet, wann immer ein

Abb. 15: Straße nach Jerusalem am Friedhof Giv'at Scha'ul

geistiges Ideal auf seine Verstofflichung trifft, dennoch erfaßte ich sehr wohl die Unvereinbarkeit einer so beschämend niedrigen körperlichen Reaktion wie Brechreiz und der ersten Begegnung mit dem, was ich mir stets als überaus majestätisch vorgestellt hatte.

Wer sich heute auf der Schnellstraße von Tel Aviv nach Jerusalem begibt, sieht kurz vor der eigentlichen Einfahrt zur Stadt rechter Hand die Betonstützwände des Friedhofs Giv'at Scha'ul. Was für eine Art Stadt ist das, die ihre Besucher mit Gräbern empfängt? Soll man das riesige Gräberfeld als Zeichen dafür werten, daß das Wichtigste ihre Toten sind? Ist Jerusalem vielleicht sogar eine Art Memento mori, das Besucher ermahnt, nicht zu vergessen, woher sie kommen und wohin sie gehen?

Jerusalem ist die einzige größere israelische Stadt, die Anreisende mit Begräbnisstätten begrüßt. In allen anderen Städten wurden die ersten Häuser und Viertel um den Friedhof herumgebaut, so auch in Tel Aviv, und wenn ein neuer erforderlich wurde, so legte man ihn vor den Ort, auf unbebautes Land. Die Einfahrt am Friedhof entlang darf allerdings nicht nur negativ interpretiert werden; denn andererseits ist es ja so, daß die Nähe des Todes den Willen zu leben stärkt.

Heute hat Jerusalem mehrere Zufahrten, die nicht an Friedhöfen vorbeiführen. Wer zum Beispiel die »Tunnelstraße« benutzt, eine neue Fahrbahn, auf der man Bethlehem westlich umgeht und bis nach Hebron gelangt, sieht keine Gräber. Die Schnellstraße mit ihren vielen Tunneln und Brücken wurde für Siedler aus Gusch Ezion, Kirjat Arba usw. gebaut, die es vorziehen, auf ihrem Weg nach Jerusalem die palästinensischen Orte weiträumig zu umfahren. Sie ist eine der technisch vollkommenen, protzigen Folgeerscheinungen der israelischen Besetzung von 1967, die Jerusalems natürliche Umgebung verschandelt haben; auch die aus Jericho heraufführende Straße hat der Landschaft Wunden zugefügt und die Berge verflacht; dafür bietet sie uns allerdings schnelle und bequeme Asphaltverbindungen zu den nördlichen Vierteln Hagiv'a Hazarfatit, Neve Jakob und anderen, nach 1967 im großen, vermeintlich vereinten Jerusalem errichteten Vororten.

Allein die Strecke von Tel Aviv nach Jerusalem läßt sich nicht wesentlich verändern. Das Gräberfeld vor den Toren greift um sich. Die Ironie, die darin liegt, daß aus Tel Aviv Anreisende als erstes den Friedhof passieren müssen, fällt ins Auge. Die Lage des neuen charedischen Viertels Har Nof bietet weiteren Anlaß zu ironischen Betrachtungen. Har Nof grenzt auf der einen Seite an den Friedhof und auf der anderen an die städtische Müllkippe. An seinem Rand, auf dem Boden des arabischen Dorfes Dir Jassin wurde »Kefar Scha'ul« gebaut, eine Heilanstalt für seelisch Kranke. Wer diese Kombination interpretiert, wird sicherlich auch über die Verachtung nachdenken, die Charedim der Ästhetik ihres Lebensraumes entgegenbringen, vielleicht, weil in ihren Augen das untere Jerusalem ohnehin nicht mit der Idee des himmlischen Jerusalem in Zusammenhang gebracht werden darf. Wie dem auch sei, das

Har-Nof-Viertel und seine unmittelbare Umgebung – der Friedhof, die Müllkippe und die Nervenklinik – liegen offen vor dem Besucher, der sich der Stadt auf einer Nebenstrecke nähert und dann über einen neugebauten Zubringer auf die Schnellstraße gelangt.

In den Klischeevorstellungen der Israelis über ihre Städte gilt Tel Aviv als Metropole des »Hier und Jetzt«. Ihre Liebhaber bezeichnen sie gern als Mini-New-York. Meir Wieseltier, ein großer, in Tel Aviv lebender israelischer Dichter, schrieb ihr ein scharfsinniges kleines Lied, das mit den Worten beginnt: »Ach, wie sympathisch ist mir / Die Konzeptualkunst von Tel Aviv / Stadt ohne Konzept / Der Putz bröckelt ihr ...«

Diese Zeilen wollen auf die Ziellosigkeit hinweisen, mit der Tel Aviv geplant wurde, sind jedoch keineswegs nur kritisch zu verstehen; aus ihnen spricht ebenfalls echte Zuneigung für die Stadt, die das universelle Wesen ihrer Bewohner bestätigt.

Ein mittelalterlicher jüdischer Midrasch erzählt von einem Vater und einem Sohn, die zu Fuß unterwegs sind. »Wann erreichen wir die Stadt?« fragt der Sohn den Vater. »Wenn du einen Friedhof siehst, mein Sohn, dann weißt du, daß wir in der Stadt angekommen sind«, antwortet ihm der Vater. Diesen Midrasch zitierte einmal ein großer Thoragelehrter und Rabbiner, um zu erklären, warum in Israel der Gedenktag für die gefallenen Soldaten den Feierlichkeiten zum Unabhängigkeitstag vorausgeht. Bevor der Mensch sich den Bereichen des Lebens zuwendet, den

Städten, den Festen, sollte er seinen Toten Respekt erweisen. Diesem Anspruch wird Jerusalem auch deswegen so selbstverständlich gerecht, weil sie eine »Stadt mit Konzept« ist.

Wer aus Tel Aviv kommt und seine Augen von den Gräbern abwenden möchte, erblickt linker Hand jenseits der Schnellstraße, von niedrigen Steinwällen fast verdeckt, sanfte, in Nebel gehüllte Täler. Hinter ihnen ragen Hunderte von weißen Steinhäusern des Vororts Ramot auf; Ramot ist eine der großen, von Juden bewohnten Satellitenstädte, mit denen man die Hauptstadt nach dem Sechs-Tage-Krieg gezielt umgab. Auf Luftaufnahmen wirken diese Vororte wie ein breiter Gürtel, der den Stadtkörper zusammenhält. Nur an einer Stelle klafft eine Lücke, und genau dort wollen rechte Kreise, diejenigen, die die jüdische Besiedlung von ganz Erez Israel unterstützen, den Vorort Har Homa errichten, um die Umzingelung der Stadt und den territorialen Zusammenhang zwischen ihren Vororten zu vervollständigen. Har Homa soll einen Keil zwischen das arabische Dorf Silwan und Bethlehem treiben, die kleine Stadt, die durch den Sechs-Tage-Krieg fast zu einem kaum noch von Jerusalem zu trennenden Vorort geworden ist. Dieses Bauvorhaben und die Absicht, Juden in rein arabischem Gebiet anzusiedeln, empört die israelische Linke aufs äußerste und wird auch von den Palästinensern entschlossen bekämpft.

Abb. 16: Die Jaffastraße 1967

Etwas weiter stadteinwärts liegen linker Hand zwei, drei niedrige baufällige Häuser; sie sind mit Wellblech geflickt, aus den zerbrochenen Dachpfannen sprießt Unkraut, an den Wänden preisen große, von Orthodoxen angebrachte Stoffbanner die Ehre des Allmächtigen oder fordern Passanten auf, für den Frieden Jerusalems zu beten. Hat der Besucher den Friedhof hinter sich gelassen, erwartet ihn eine langgestreckte Kette eintöniger Wohnblocks, in denen die Charedim von Giv'at Scha'ul und Kirijat Mosche leben. Und dann liegt unversehens die Jaffastraße vor ihm.

Die Autobusse, die uns Kinder auf dem Schulausflug

*) Ich gab mein Manuskript einem guten Freund, dem Journalisten und Nachrichtenmoderator Emanuel Halperin, zu lesen, der seit mehr als dreißig Jahren beim Staatlichen Fernsehen arbeitet. Emanuel, der sich in aller Diskretion mit rechten Standpunkten identifiziert, füllte die Seitenränder mit empörten Anmerkungen über meine »linken Neigungen«. Er bemängelte, daß die Schönheit der Stadt in meinem Text viel zu kurz kommt und daß ich nirgends feststelle, wie sehr ich Jerusalem liebe. Seine Anmerkungen sind äußerst aufschlußreich und zeigen in der Tat, in welchem Maße politischer Standort und Weltanschauung die Wahrnehmung der Wirklichkeit beeinflussen. Emanuel Halperin, dessen Eltern den Holocaust überlebten und nach dem Krieg nach Paris gelangten, besuchte bis zu seinem achtzehnten Lebensjahr die Schulen der französischen Hauptstadt und wanderte dann, im Jahr 1962, nach Israel ein. Seitdem wohnt er in Jerusalem und betont hartnäckig immer wieder, daß er es für ein großes Glück hält, als Jude im israelischen Staat und noch dazu in Jerusalem leben zu dürfen, einer so vielschichtigen und bedeutsamen Stadt, die zudem noch eine der schönsten Städte der Welt sei (sogar im Vergleich zu Paris), in der es keinen langweiligen Augenblick gäbe. Was ich über das ehemalige Krankenhaus »Scha'are Zedek« schrieb, weist Emanuel in aller Schärfe zurück und behauptet, daß der Umzug der Staatlichen Rundfunk- und Fernsehanstalt in das Gebäude, das zur Zeit renoviert wird, für Ende 1999 vorgesehen ist.

transportierten, bahnten sich ihren Weg zum einzigen Zugang, der damals in die Stadt hineinführte: zur Jaffastraße, die wie ein enges Band den Stadtkern der Länge nach durchzieht; sie wird beidseitig von grauen, niedrigen und teilweise reparaturbedürftigen Gebäuden umsäumt; andere Bauwerke, sogar architektonisch anspruchsvolle wie das ehemalige Scha'are-Zedek-Krankenhaus (das inzwischen vom Staatlichen Rundfunk- und Fernsehsender aufgekauft wurde und als unbenutzte Ruine dasteht*), gingen in der gräulichen Trostlosigkeit der Werkstätten im Umfeld des Machane Jehuda Marktes unter. Auf den Bürgersteigen schleppten sich in Lumpen gehüllte Bettler dahin, Charedim in schwarzen, vor Abnutzung glänzenden Mänteln und verschlossen dreinblickende Menschen waren auf dem Weg zum Markt; sie trugen ganz andere Kleidung als wir in Tel Aviv und erregten unser Mitleid. Das andere Ende der Jaffastraße in der Nähe der Altstadt versperrte eine mächtige Mauer, die den Zweck hatte, die Anwohner vor den Schüssen der jordanischen Soldaten zu schützen.

Heute kann man aus Richtung Tel Aviv in die Stadt fahren, ohne in der Jaffastraße zu stranden; Privatwagen ist die Einfahrt ohnehin seit einigen Jahren nicht mehr gestattet; man biegt zum Beispiel in den Herzl-Boulevard ein und gelangt von dort über den Begin-Boulevard in die westlichen Viertel; oder man wendet sich nach rechts, in Richtung Romema, und erreicht dann die östlichen, nach

Abb. 17: Das Romema-Viertel

1967 gebauten Vororte. Aber wohin er sich auch wendet, der nach Jerusalem Hineinfahrende ist in jedem Fall gezwungen, zunächst einmal architektonische Schandflekken in Form eintöniger Betonwohnblöcke an sich vorbeiziehen zu lassen, sowohl im links gelegenen Romema-Viertel als auch rechter Hand am Herzl-Boulevard, wo sogar das nach Diskin benannte Waisenhaus für blinde Mädchen in einem der großen unansehnlichen Blocks untergebracht ist. Wer trotzdem mit dem Autobus bis zum Zentral-Busbahnhof weiterfährt, den erschlagen am oberen Ende der Jaffastraße ein klotziges neues Einkaufszentrum und triste Hotelflügel, die in ihrer weißlichen Gewöhnlichkeit allen Hotels in Flughafennähe gleichen und ein weiteres Mal verdeutlichen, wie sinn- und geschmacklos es ist, Jerusalem westlichen Großstädten angleichen zu wollen.

Weder all die neuen vielspurigen Zubringer, die Asphaltbahnen mit den blinkenden Ampelanlagen noch die auf der großen Verkehrsinsel prangenden Petunien, weder die hübschen Stiefmütterchen noch die von der holländischen Regierung gestifteten farbenprächtigen Tulpen schaffen es, die frappierende Häßlichkeit der Stadteinfahrt zu kaschieren. Nur Eingeweihten enthüllt sich Jerusalems Schönheit, eine geheimnisvolle Schönheit, die sich oft unversehens in verborgenen Gassen oder auf der Höhe eines noch nicht abgehobelten Berges offenbart. Man ist geneigt, in der zur Schau getragenen Häßlichkeit eine Art Manifest zu sehen; als wolle die Stadt sagen: So bin ich eben: häßlich. Und da ich nun einmal so bin – wollt ihr trotzdem zu mir herein? Sie erinnert an eine Frau, die ihre Schönheit absichtlich verbirgt und sich verunstaltet, um zu erproben, ob ihre Spiritualität die körperliche Tarnung durchdringt. Ähnlich verbirgt die Stadt mit unbeirrbarer Widerspenstigkeit, gegen die ihre Architekten machtlos sind, ihre physische Schönheit. Jedesmal, wenn ich Jerusalem in den Jahren nach jenem Schulausflug als Erwachsene besuchte, erschien mir der abstoßende Zugang eine Art Prüfung zu sein, wie die Götter sie den Sterblichen gern auferlegen. Nur wer bereit ist, den engen, unansehnlichen Pfad ohne jedes Versprechen auf Glanz und Glorie zu beschreiten, nur dem ist es vergönnt, die innere Schönheit der Stadt zu erkennen.

Am anderen Ende der Straße, in der Nähe der arabischen Altstadt, versperrte die Betonmauer, die bis zum Sechs-Tage-Krieg die zwei Stadtteile voneinander trennte, uns den Weg. Diese Art stadtinterner Wall zwischen der Jaffastraße und der Altstadtmauer wurde wegen der Umstände, unter denen sich die Aufteilung Jerusalems vollzog, erforderlich. Seinerzeit markierte der Abgesandte der israelischen Seite, Oberstleutnant Mosche Dajan, damals Stadtkommandeur, der mythologische Held, der nacheinander Oberbefehlshaber der Armee, Verteidigungsminister und Außenminister verschiedener Regierungen war, den Grenzverlauf mit einem Rotstift auf dem steinübersäten Boden eines verlassenen Hauses im Musrara-Viertel, wäh-

Abb. 18: Ende der Mamillastraße, nahe der Mauer
Abb. 19: Mauer an der Mamillastraße 1952

rend der jordanische Lieutenant Colonel Abdallah A-Tal einen grünen Stift benutzte. Kleine Sprünge der Stifte auf dem Rücken der Steine oder Verstärkungen der farbigen Linien bedeuteten vor Ort oft sechzig bis achtzig Meter Boden, woraus sich für das tägliche Leben an der Grenze gravierende, bis zur israelischen Eroberung der Altstadt andauernde Probleme ergaben, denn im dichtbebauten Stadtgebiet hatte die geringste Verdickung der farbigen Linien zur Halbierung von Häusern geführt. Wer damals in Jerusalem wohnte, erinnert sich gut daran, daß nervöse Scharfschützen auf jede streunende Katze feuerten, und es kam vor, daß dabei in der Nähe spielende Kinder verletzt wurden. Wegen solcher und ähnlicher Zwischenfälle sah man sich gezwungen, den Grenzverlauf zu korrigieren; im Gefolge der Bereinigung erhielt Jordanien die Herrschaft über die alten Stadtmauern, und Israel wurde mit der Hoheit über die Eisenbahnstrecke entschädigt, die durch das Flußbett Refa'im am Ort Beit Zafafa entlangläuft.

Um spontane Schußwechsel zu vermeiden, zogen beide Seiten Schutzmauern; die jordanische verlief vom Mandelbaum Tor bis hinein ins Scheich-Jarrach-Viertel und umschloß den Platz gegenüber vom Damaskustor; die israelische versperrte die Mamillastraße und halbierte den Salame-Platz in Talbieh, weitere Stücke schützten die Sanhedria-, die Jaffa- und die King-George-Straße. Diese Mauern standen, wie gesagt, bis 1967, bis israelische Truppen den Ostteil eroberten und die Stadt wieder vereinten. So kam es, daß im Jahr 1957 eine graue Betonmauer die Stadt in zwei Hälften teilte, und für uns, die zehnjährigen Kinder, bedeutete sie das Ende unserer Welt; auf der anderen Seite begann das Gebirge der Finsternis. Die bestürzende Häßlichkeit der Jaffastraße, das erste, was mir von der Innenstadt vor Augen kam, hatte mich mit Stummheit geschlagen. Sie stand in völligem Gegensatz zur erhabenen Großartigkeit der kurz vorher zurückgelegten zwanzig Kilometer.

Der Begin-Boulevard, eine neue Durchgangsstraße, verbindet die westlichen mit den südlichen Vororten; auf ihm gelangt man ebenfalls zum »größten und prächtigsten Einkaufszentrum des Nahen Ostens«, wie es bei seiner Eröffnung 1992 tituliert wurde, und zum Teddy-Stadium, benannt nach Teddy Kollek, der länger als eine Generation Jerusalems Bürgermeister war und über den Avischai Margalit in seinem schon zitierten Essay schreibt: »Wer will, kann in Teddy Kollek, der wie Herzl aus Wien stammt, den jüdischen Besen sehen, von dem der Visionär träumte.« Rauscht man über den Begin-Boulevard, könnte man irrtümlicherweise meinen, in einer Metropole mit ultramodernen Verkehrsverbindungen zu sein. Unter einer der Brücken hängt ein technologisches Wunderwerk, das Jerusalemer um seiner selbst willen anzieht: auf einer schwarzen Tafel zeigen blinkende Leuchtzeichen die Geschwindigkeit der unter ihr durchfahrenden Wagen an. Über den Begin-Boulevard gelangt man auch auf die Tun-

Abb. 20: Campus Giv'at Ram mit einer Plastik von Henry Moore

nelstraße und damit zu den Siedlungen des Ezion-Blocks jenseits der grünen Linie.

Der Begin-Boulevard wurde erst vor einigen Monaten fertiggestellt. Jahrelang mußten wir mit ansehen, wie Riesenraupen Berge und Hügel aufsprengten und planierten, um Platz für die sechsspurige Asphaltbahn zu schaffen. Einer der Zubringer radierte die Landschaft aus, auf der unsere Blicke zu ruhen gewohnt waren, während wir im alten Universitätsgebäude von Giv'at Ram unseren Professoren lauschten. Ohnehin hat sich der Campus von Giv'at Ram in ein Geistergelände verwandelt, seit 1980, ebenfalls als Ergebnis des Siegs im Sechs-Tage-Krieg, auf dem Skopusberg in Ostjerusalem ein merkwürdig groteskes neues Universitätsgelände entstanden ist. Bis zum Ende der sechziger Jahre lagen vor den Fenstern der Vorlesungssäle von Giv'at Ram, wo ich das Erste Staatsexamen ablegte und halbwegs bis zum Magister weiterstudierte, natürliche Kiefern- und Zypressenhaine. Hob man, unterwegs auf den einfachen Sandwegen zwischen den flachen, geräumigen und lichtdurchfluteten Gebäuden, den Kopf, so sah man in den Jerusalemer Himmel mit seinen Lämmerwolken, senkte man den Blick zu Boden, so entdeckte man zwischen natürlichen Felsen versteckt wildwachsende hellrosa Alpenveilchen.

Heute prallen die Blicke der Naturwissenschaft-Studenten (nur sie lernen noch in Giv'at Ram, der vorhandenen Laboranlagen wegen) auf den Lärmschutzwall der neuen Schnellstraße. Ihretwegen wurden auch die natürlichen Obstplantagen zu Füßen des »Holyland«-Hotels gerodet; auf die abgehobelten Hügel darüber setzte man eine Reihe von exklusiven, auf spanisch oder klassisch-griechisch getrimmte Villen, die von den Architekten der großen Bauunternehmer aus unerfindlichen Gründen bevorzugten Stilrichtungen.

Wahrscheinlich bedeckt der Staub der Nostalgie die Reminiszenzen eines Menschen, der Veränderungen der Landschaft seiner Kindheit nur widerstrebend zur Kenntnis nehmen mag; im Schmerz um Giv'at Ram dürfte die Sehnsucht nach meiner Jugend mitschwingen; mit jenen Jahren verbindet sich für mich nicht nur der unschuldige und unerschütterliche Glaube an die Gerechtigkeit des Zionismus, sondern in nicht geringem Maß auch die Bescheidenheit des geteilten Jerusalem, der Stadt, die ich zu lieben gelernt habe, als sie das Urteil ihres Geteiltseins auf sich genommen hatte und ohne Aussicht auf Erfüllung schweigend nach dem abgespaltenen Teil schmachtete.

Damals ging es in ihr ärmlich und asketisch zu, und das Leben ihrer Bewohner und Studenten zeichnete sich in Bezug auf Wohnraum, Wasserverbrauch und Heizung durch Anspruchslosigkeit aus (Klimaanlagen gab es nicht, und wir litten im Sommer unter der schwer erträglichen, trockenen Hitze und überstanden die Kälte im Winter neben qualmenden Petroleumöfen). Gelegenheitsarbeiten fanden sich nur selten, denn in den wenigen Kaffeehäu-

Abb. 21: Nachlat Achim

2

sern bedienten gelernte Kellner. Viele Studenten mieteten sich Zimmer in arabischen Häusern des Nachlat-Achim-Viertels; auch ich verbrachte meine ersten beiden Jerusalemer Jahre in zwei solchen Unterkünften (eine lag rechts von der Bezalel-Straße, die andere links), wo der Kitt von den Rahmen der Bogenfenster bröckelte und Toiletten, Duschen und eine Art Kochnische sich im Innenhof befanden. In diesen Vierteln lebten die alteingesessenen Jerusalemer. Meine Zimmerwirtin, eine bucklige Alte mit Muttermalen und einer krummen Nase, forderte heiser krächzend unentwegt, ich sollte meinen Wasserverbrauch einschränken, vermutlich aufgrund der noch frischen Erinnerung an den Belagerungszustand. Meiner erschrockenen Mutter, die angereist war, um die Angemessenheit meiner Unterkunft zu prüfen, und sich nach heißem Wasser und Duschmöglichkeiten erkundigt hatte, wurde kurz und bündig beschieden: »In Jerusalem braucht man nicht so oft zu duschen – die Luft ist trocken.«

Diese Bemerkung, die in unserer Familie zu einem geflügelten Wort wurde, barg in sich alles, was meine Mutter an der Stadt auszusetzen hatte; wie viele Tel Aviver, die aus Osteuropa nach Israel gelangt waren, erschien ihr Jerusalem, wo etliche Ecken an das Stetl ihrer Kindheit erinnerten, provinziell und verschroben. Frauen wie meine greise Wirtin – vornüber gebeugt, mit ausgebeulten Körpern, den bedeckten Kopf zur Erde geneigt, durch die Gassen des Machane Jehuda Marktes schlurfend und vor sich hinmurmelnd, wenn sie ihr Gemüse im Netz am Arm verstauten –

sind aus dem Stadtbild so gut wie verschwunden, aber nicht nur, weil sie im Laufe der Zeit den Weg allen Fleisches gegangen sind.

In Nachlat Achim und in anderen an den Markt grenzenden Vierteln standen alte arabische Häuser, denen die jüdischen Bewohner provisorische Anbauten aus Stein und Wellblech angeklebt hatten. Die steilen, verwunschenen Gassen mit den dicht aneinandergedrängten, wie am Hang hingegossenen Häuschen schienen einer alten Legende entsprungen. Von der Höhe der Gäßchen aus sah man die Olivenbäume und die grüne Tiefe des »Kreuzigungstales«, und darüber erhob sich das Knessetgebäude (das bis heute von Alteingesessenen »die neue Knesset« genannt wird, im Gegensatz zur »alten Knesset«, die im Zentrum an der King-George-Straße lag). In meinen ersten Jahren als Studentin hielt ich tagtäglich aufs neue ergriffen inne und nahm den exotischen, das ganze Viertel einhüllenden Duft der Jasminsträucher, ein Charakteristikum Jerusalemer Innenhöfe, und die sanfte Linie der am Hang auslaufenden Straßen in mich auf. Als Jerusalem sich nach 1967 zur Metropolenkopie aufzuplustern begann, renovierte man die weißen Häuser mit den roten Dächern und setzte ihnen eine Reihe von Luxus-Wohntürmen vor die Nase, nach dem amerikanischen Millionär, der sie baute, »Wolfson-Häuser« genannt.

Dem Anschein nach herrschte damals große Armut,

Abb. 22: Die Knesset, der Sitz des israelischen Parlaments
Abb. 23: Stadtautobahn, im Hintergrund die »Wolfson-Häuser«

aber man wußte sich mit dem Wenigen zu begnügen. Der Campus von Giv'at Ram, seine schlichten, lichtdurchfluteten Gebäude und die natürlichen Rasenflächen können als illustres Konzentrat der rührenden früheren Bescheidenheit gelten. Wenn die Ausdehnung einer Stadt etwas über ihre Bedeutung aussagt – und in der Regel ist sie eins ihrer Kennzeichen –, dann spricht der Umfang Jerusalems in jenen Tagen – bis zur Eroberung des Ostteils und der »Vereinigung« – vom einfachen, hartnäckigen Wunsch zu existieren, sogar an diesem beladenen Ort ein menschenwürdiges Leben zu führen.

Der Fortschritt fordert heutzutage unerbittlich Stunde um Stunde seinen Preis. Die Frage nach den Vor- und Nachteilen der Zivilisation, die uns in Schulaufsätzen und Pfadfinder-Diskussionen beschäftigte, klingt angesichts der gegenwärtigen Praxis, Gebäude, ganze Straßenkomplexe oder malerische Viertel in allen Städten der Welt einfach auszuradieren, naiv und völlig überholt. Pariser oder New Yorker Straßenkarten von vor hundert Jahren oder sogar weniger geben Auskunft über verlorene, dem Wachstumszwang zum Opfer gefallene Schönheit. Als vor zwei Jahrzehnten eine vierspurige Fahrbahn durch das Kreuzigungstal gezogen wurde, trauerten viele Jerusalemer um den dahingegangenen Charme der grünen Senke, sahen dann aber doch die Notwendigkeit dieser Streckenführung ein, deren Eingriff in die Natur nicht allzu gewalttätig schien. Wir lernten verständnisvoll zu nicken und nicht zu protestieren, wenn weitere Verkehrswege erforderlich wurden.

In der Tat erleichtert der Begin-Boulevard auch mir das Leben; mit etwas gutem Willen läßt sich an ihm sogar Schönheit entdecken oder doch zumindest einen gewissen ästhetischen Anspruch der Planer: Steinornamente an den Lärmschutzmauern; drei ganz und gar nicht häßliche Überführungen am nördlichen Ende; mittendrin ragt sogar ein naturbelassener Felsbrocken zwischen den Fahrspuren auf, und aus ihm wächst ein Busch. Der vorbeirauschende Tourist mag hierin ein Denkmal für die ausgelöschte Natur sehen, Jerusalemer wissen allerdings, daß dieser Fels in sich ein jüdisches Grab birgt, auf das man während der Straßenarbeiten stieß – in Jerusalem kann jede Bodenbewegung Skelette aus der Tiefe der Erde an den Tag bringen –, und daß auf Drängen der Charedim, die wegen der in den Felsen Begrabenen jeden Erdaufriß oder Straßenbau in Jerusalem verbissen bekämpfen, dieser Steinbrocken unberührt an Ort und Stelle verbleiben mußte.

Die neue Stadtautobahn ist ohne Frage um vieles prächtiger als der armselige Zugang zu den Wohnvierteln über die Jaffastraße. Aber auch sie ist bezeichnend für die gegenwärtige Phase der Stadt, die sich selbst das Herrschergewand auferlegt hat. Während man reibungslos über den Begin-Boulevard gleitet, kann man nicht umhin, an die tiefe Grube zu denken, die wir uns mit der Besetzung des Ostteils vor zweiunddreißig Jahren selbst gegraben haben. Ihretwegen entwickelte Jerusalem sich zur größten unter

Abb. 24: Begin-Boulevard

den israelischen Städten. Ihretwegen sprossen all die neuen Vororte aus dem Boden. Die Stadt selbst erschrickt vor ihren jetzigen Dimensionen. Der Begin-Boulevard ist ein Beispiel. Genauso wie die neuaufgeschichteten Felsmauern und die breiten Asphaltbahnen, wie der Campus auf dem Skopusberg, die große Metapher der Besetzung, ein Konglomerat aus Jerusalem-Stein, dessen enge, gewundene Gänge zu jeder Tagesstunde elektrisch beleuchtet werden müssen (in einem Land, in dem an den meisten Tagen des Jahres die Sonne vom Himmel sengt) – von der Terrasse seines Gästehauses aus überblickt man sowohl den Ölberg als auch andere Heilige Stätten sowie das Judäische Bergland und sogar die malerischen arabischen Dörfer, deren Herren wir sind und von deren ungepflasterten Sandwegen Rauchsäulen aufsteigen – wie das neue Rathaus neben den Resten der inneren Schutzmauer in der Jaffastraße und wie der wegen seiner aristokratischen Ausstrahlung viel gelobte Oberste Gerichtshof in der Nähe des Begin-Boulevards. Sie alle sind Symptome der neuen Ära einer Stadt, die meint, sie könnte einem Drittel ihrer Einwohner eine künstliche Einheit aufzwingen.

Seit der Besetzung des Ostteils liegt der offenbare und verborgene Sinn aller Bauvorhaben in der Demonstration von Besitz und Macht. Ich lebe nun schon seit einigen Jahren mit dem erschütternden Bild gerodeter Obstplantagen, entwurzelter Zypressen und ausgerissener Jasminsträucher, geschändeter Waldstücke und abgetragener Hügel, Opfer der ungeheuerlichen – wenn auch in Jerusalem-

Stein ausgeführten – Baumaßnahmen, und nicht selten hallen, wenn ich über den Begin-Boulevard rausche, Fragmente der Vision Benjamin Ze'ev Herzls von der »komfortablen, ventilierten, kanalisierten neuen Stadt« etc. durch mein Hirn.

Eine einfache Liebesgeschichte war mein Verhältnis zu Jerusalem von Anfang an nicht. Jener erste Besuch hatte in mir keine besondere Zuneigung aufkeimen lassen. In meiner Kindheit wurden wir nach den großen Ferien regelmäßig aufgefordert, Aufsätze über unsere Erlebnisse zu schreiben, und am Tag nach dem Jahresausflug wußten wir genau, daß uns auch diesmal die Abfassung eines »Erlebnisberichts« bevorstand. Routinearbeiten dieser Art haben Schüler seit jeher aufgebracht – ich nehme an, in anderen Ländern herrschten ähnliche Gepflogenheiten –, und man war geneigt, sich feststehender Wendungen zu bedienen, was im Hebräischen etliche Parodien auf den Plan rief. »Wir kehrten müde, aber zufrieden heim« dürfte die gebräuchlichste Formel gewesen sein, mit der Schüler die Ansprüche ihrer Lehrer an einen hebräischen Aufsatz befriedigten oder zu befriedigen meinten.

Auf jenem Jahresausflug brachte man uns mit dem Autobus durch die Jaffastraße zum Zionsberg; an der Kirche Notre Dame fuhren wir vorbei, ohne zu wissen, daß auf ihren Dächern israelische Soldaten standen und jede Bewegung der jordanischen Scharfschützen gegenüber durch

Abb. 25: Das neue Rathaus
Abb. 26: Notre Dame 1965

Feldstecher verfolgten. Mein allgemeiner Eindruck vom Zionsberg ist mit einer Wachsschicht überzogen. In der muffig-feuchten Höhle, dem Grab Davids, war es dunkel, Kerzen flackerten. Was genau wir uns dort ansehen sollten, daran erinnere ich mich nicht, und ich bin sicher, daß ich es auch damals nicht wußte. Der Herzl-Berg und die Gruft des Visionärs des jüdischen Staates hinterließen in meiner Erinnerung auch nur einen grauen Schatten. Deutlich erinnere ich mich allerdings an mein wachsendes Unbehagen, das ich nicht einmal in Worte fassen konnte, angesichts der gähnenden Kluft zwischen dem, was ich – obwohl es nicht klar umrissen war – erwartet hatte, und dem, was sich mir an jenem glühenden Tag darbot. Vielleicht läßt sich meine damalige Erfahrung so ähnlich beschreiben wie die Enttäuschung Leni Gruyten-Pfeiffers, der Heldin aus Heinrich Bölls Roman *Gruppenbild mit Dame*, als sie zum ersten Mal das Abendmahl empfing und sowohl ihr Geschmackssinn als auch ihre anderen Sinne ihr zu verstehen geben, daß die trockene Schalheit der Oblate nicht das war, worauf sie gehofft hatte.

Man erinnere sich: Am Tag, an dem ich Jerusalem zum ersten Mal sah, herrschte die heiß-trockene Gluthitze, die jeden ausdörrt, auch wenn er kein israelischer Sabre ist, den man nach »Jad Vaschem« bringt, damit er seinen Ursprung versteht, oder zu den Fundamenten des sich gerade im Bau befindlichen Campus von Giv'at Ram, damit er seine Zukunft anvisieren kann. Agnons Held Jizchak Kummer aus dem Roman *Gestern, vorgestern* zum Beispiel wird von Jerusalems Hitze endgültig in die Knie gezwungen, denn in der heißen Glut endet seine regressive Reise, sie besiegelt sein Schicksal: »An diesem Tage war es glühend heiß wie in einem Ofen; die ganze Umwelt kochte von der Sonnenglut und wurde gelb und trocken; sowohl die Luft, die zwischen Himmel und Erde stillstand, wie auch der Staub, der sich mit dem Körper eines Menschen verbindet, Augen bedeckt, Ohren füllt; er hört und sieht nicht mehr; nur ein stummes Summen vernimmt er, das seine Seele ausdörrt und seinen Lebensgeist betäubt. Von Schritt zu Schritt schwindet ihm die Kraft, die Glieder trocknen aus, die Zunge ist wie eine Tonscherbe. Nur die Füße schleppen sich noch so dahin, er schleppt sich mit ihnen, bis sie nach Meah Schearim kommen.«

Muß ich noch betonen, daß ich von meinem ersten Ausflug nach Jerusalem sehr müde und kein bißchen zufrieden heimkehrte?

Es gab indessen ein zweites Mal, und danach konnte von Liebe die Rede sein. Mit achtzehn trat ich in Israels Verteidigungsarmee ein. Als Tochter aus gutem israelischen Haus im sozialistischen Geist erzogen, war ich entschlossen, meinen Armeedienst mit Sinn zu füllen und »einen Beitrag zum Aufbau des Staates zu leisten« (damals bestand noch keine Notwendigkeit, diese Wendung in Anführungsstriche zu setzen); ich meldete mich freiwillig zu einer Einheit, die Soldatinnen in einem viermonatigen Schnellkurs zu Lehrerinnen für Einwandererkinder ausbildet und sie dann zur Erfüllung dieser Aufgabe in entlegene Siedlungen schickt. So kam es, daß ich im Anschluß an die Grundausbildung nach Jerusalem abkommandiert wurde, um an einer Berufsschule im äußersten Süden der Stadt, noch hinter Talpiot und dem Kibbuz Ramat Rachel, an besagtem Kurs teilzunehmen.

Das schlichte Gebäude lag inmitten einer Blumenwiese, aus den Fenstern erkannte man die Einschußlöcher in den Mauern des Mar-Elias-Klosters auf der jordanischen Seite. Im Licht der Jerusalemer Sonnenaufgänge – allein ihren Farben könnte man eine Ode widmen – glänzten die Helme der auf dem Klosterdach stationierten jordanischen Scharfschützen, denen wir aufgeregt zuwinkten. Die Judäische Wüste und ihre Berge breiteten sich im rot-lila-gold-grauen Schleier der Sonnenuntergänge vor uns aus. Ein Anblick, der niemanden ungerührt ließ. Späne dieser Schönheit entdeckten wir gleichfalls, wenn wir, was uns zuweilen in den sogenannten »After-« Stunden erlaubt wurde, in die Stadt fuhren und durch die Gassen des »Dreiecks« flanierten, den eigentlichen Stadtkern zwischen den drei Hauptverkehrsadern King-George-, Jaffa- und Ben-Jehuda-Straße. Auf dem Weg ins Kino (damals lief im heute längst abgerissenen »Edison« der Film *Achteinhalb* von Fellini) gerieten wir manchmal in enge Seitengassen und schnupperten verwundert den uns bis dahin unbekannten Jasminduft (in Tel Aviv wächst kein Jasmin) und die scharfe, klare Luft, die bis heute eins der unverkennbaren Merkmale Jerusalems ist.

In dieser Phase lernte ich ebenfalls die besondere Beschaffenheit des Jerusalemer Lichts kennen, das noch kein Maler so, wie es wirklich ist, auf die Leinwand zu bannen verstand und das die größten hebräischen Schriftsteller und Dichter immer wieder mit Worten einzufangen suchten. Diesem Licht ist die Wendung »Goldenes Jerusalem« entsprungen, von der manche meinen, sie beschreibe, wie die letzten Sonnenstrahlen des Tages den rosa-weißlichen Jerusalem-Stein vergolden und selbst den häßlichsten Gebäuden noch einen märchenhaften Anstrich verleihen. Und in dieses Licht, das ist nicht zuviel gesagt, habe ich mich verliebt.

Mit Beendigung des Militärdienstes zog ich im Sommer 1966 nach Jerusalem hinauf, um an der Hebräischen Universität zu studieren, fest entschlossen, für immer zu bleiben, und erfuhr die Frugalität des Lebens in der anscheinend für immer geteilten Stadt am eigenen Leib. Viele Male stand ich auf dem Dach des halbzerstörten Notre-Dame-Gebäudes am Ende der Jaffastraße und fragte mich immer wieder, was wohl auf der anderen Seite vor sich gehen mochte.

Am fünften Tag der zweiten Woche des Monats Juni im Jahr 1967, einen Tag, nachdem Ostjerusalem erobert worden war, kam ich überstürzt und atemlos aus London nach Jerusalem zurück; ich hatte meine erste Europareise mittendrin abgebrochen und war, wie viele Israelis, wegen des Krieges nach Haus geeilt. Von den jüdischen Einwohnern erkannten nur wenige rechtzeitig, daß die Stadt Gefahr lief, sich durch Besetzung und Vereinigung – ein Wahn, dem damals fast alle Israelis verfallen waren – selbst zu vernichten. Der Philosoph Jeschajahu Leibowitz wanderte allerdings bereits im Juni 1967, als man gerade dabei war, die innere Trennmauer am Ende der Jaffastraße einzureißen, die den Blick auf die großartige alte Mauer bisher versperrt hatte, zornig durch die Straßen und prophezeite, den knochigen Zeigefinger drohend erhoben, vom Unheil, das die Besetzung über uns bringen würde. Aber wir schwelgten in Rausch und Euphorie, betäubt von dem, was wir mit eigenen Augen sahen, und von der lebensvollen, farbenprächtigen Zukunft, die wir uns in unserer Torheit, der Torheit jener Tage ausmalten.

Vor einigen Jahren lud man mich zu einem Kongreß für Schriftsteller und Denker nach Norwegen ein, bei dem es um den Begriff der Freiheit ging. Ich wurde gebeten, als Partnerin der palästinensischen Dichterin und Essayistin Salma Jayussei, die der Generation meiner Mutter angehört und heute in Boston, USA, lebt, an einem Podiumsgespräch teilzunehmen. Ich lernte Salma Jayussei und ihre Tochter, die in Ostjerusalem wohnende palästinensische Soziologin May Jayussei, bereits am Ankunftstag kennen, und es entwickelte sich zwischen uns dreien eine herzliche Beziehung; politischen Themen gingen wir allerdings aus dem Weg. May Jayussei ist zwei Jahre jünger als ich und kam als erstes Kind ihrer soeben aus Jerusalem geflüchteten Eltern in Amman zur Welt. Als wir uns in Jerusalem wiedertrafen, zeigte sie mir das Haus ihrer Mutter in der

Abb. 27: Betender Mönch vor einem uralten Olivenbaum im Garten von Gethsemane

Deutschen Kolonie, in einer der Seitengassen der Emek Refa'im-Straße. Vor der Podiumsdiskussion wuchs zwischen uns eine stumme, bedrückende Spannung. Keinem der Anwesenden, weder den Veranstaltern noch den Teilnehmern, war mein Standpunkt in der Jerusalem-Frage bekannt. Die »Beziehung zu Jerusalem« war das Thema der Podiumsdiskussion, bei der Salma Jayussei und ich einander gegenübersaßen. Sie hatte den Vortritt und verlas einen naiven und bewegenden, im Alter von acht Jahren verfaßten Aufsatz über ihre Liebe zu Jerusalem. Obwohl sie jeden Tag ihrer Kindheit in der Heiligen Stadt verbracht hatte, ähnelte ihr Aufsatz dem Jerusalembild, das ich als Zehnjährige, vor dem ersten Zusammentreffen mit der wirklichen Stadt, in mir getragen hatte.

Als die Reihe an mich kam, sprach ich vom Überschwang der ersten Tage nach der Eroberung. »An dich habe ich nicht gedacht«, begann ich, zu Salma Jayussei gewandt, meine Ausführungen, die zu einem Bekenntnis meiner politischen Entwicklung als Israelin gerieten. »Wir vergaßen die Menschen, die dort lebten, völlig; wir nahmen an, daß alle sich mit uns über unsere verspätete Heimkehr, über die ersehnte Vereinigung freuen würden.« Dies dürfte wohl eins der Hauptmerkmale des euphorischen Rausches sein: Die »anderen« – in diesem Fall die Bewohner Ostjerusalems – wurden aus dem Bewußtsein gestrichen.

Im ersten Jahr nach der Eroberung wohnte ich weiterhin im zentrumsnahen »Nachlat Achim«, in einem arabischen Steinhaus mit Bodenfliesen aus unbearbeitetem Jerusalem-Stein und großen, auf die Safed-Straße blickenden Fenstern. Selbst wenn ich in kalten Regennächten über den Hof zum Toilettenhäuschen huschte, blieb meine Begeisterung unversehrt. Im sechsten Semester mieteten wir – ein Studentenpaar vor dem Ersten Staatsexamen, das sich von Gelegenheitsarbeiten ernährte – eine Wohnung im letzten Gebäude von Alt-Talpiot, ganz in der Nähe des Agnon-Hauses. Wenn ich morgens in den Garten hinaustrat, versank ich unweigerlich im Anblick der vor mir liegenden Judäischen Berge. Manchmal waren sie in bläulichen Dunst gehüllt, und dann konnte man ohne weiteres das Bild König Davids auf ihren Gipfeln ausmachen. Heute werden die Judäischen Berge von großen, luxuriösen Wohnhäusern verdeckt, und den Horizont sieht nur noch, wer sich zwischen die Villen stellt.

Vor einigen Wochen fuhr ich zum erstenmal seit 1969 wieder in diese Gegend und ging am Agnon-Haus vorbei. Während all dieser Jahre hatte ich mich geweigert, die im Lauf der Zeit vorgenommenen Veränderungen mit eigenen Augen anzusehen. Ein solcher Besuch versetzt mich unweigerlich in die Naivität – oder Hybris – der ersten Jahre nach der Eroberung zurück, bevor ich begriff, welchen Preis die Vereinigung und die Rückkehr zu den Ursprüngen von uns forderte.

Unsere damalige Trunkenheit (und die sie begleitende Blindheit) sowie die allmählich einsetzende Ernüchterung hat die Dichterin Dalia Rabikowitz in ihrem Gedicht

Abb. 28: Studententag im Terra-Sancta-Kolleg

»Wer bist du, großer Berg«, das mit wenigen Worten die verschiedenen Gesichter der Hebräischen Universität umreißt, bewundernswert zum Ausdruck gebracht. (Zu Beginn der fünfziger Jahre waren die einzelnen Fachbereiche über die ganze Stadt verstreut; das Hauptgebäude befand sich im Terra-Sancta-Kloster an der Kreuzung der Straßen Ben Maimon und Keren Hajesod, damals noch die King-George-Straße. Die im Gedicht erwähnten Mauern und Fenster über dem Mamilla-Viertel lagen, vom Terra Sancta-Gebäude aus gesehen, im arabischen Teil der Stadt, desgleichen der Garten Gethsemane mit seinen Kirchen.)

Wer bist du, großer Berg

Rot schimmernder Nachmittagsschein
In Jeruschalaim,
Auf den Mauern über dem Mamilla-Park,
dem Ende der Straße Schlomzion,
dem Kino, dunkel wie ein Wrack.

Der Himmel verhüllte sich mir mittags
im Winter.
Im Südflügel des König-David-Hotels
Auf dem Flur
Studierte ich Literatur.
Zählte dann im Terra-Sancta-
Fenster über dem Mamilla-Teich.
In Talmud-
und Sprachseminaren
Wurden meine Pupillen weit.
Legte mich schlafen mitten am Tag,
Zurück ins Terra Sancta
In den vierten Stock
Offenmäulig wie ein Aal.
Zwanzig Jahre alt und
Geblendet vom Strahl
Der Fenster über Mamilla
Und dem französischen Hospital
Vor dem Niemandsland.

Ich mag mich nicht mit Jerusalem schmücken
Seit die Kraft der Sonne schwand
Und die Disteln sprießen.

Gethsemane,
Ein Bus kroch zur Kirche empor,
Wie eine Fata Morgana gesehen
Über Jemin Mosche
Was habe ich jetzt davon,
Daß alle Wege offenstehen
Und all der Staub gefror?

Abb. 29: Niemandsland

3. Zwischen heilig und profan

Einige Jahre vergingen, bis ich von mir aus sagen konnte, was Dalia Rabikowitz in den letzten Zeilen ihres Gedichts schreibt: »Was habe ich jetzt davon / Daß alle Wege offenstehen?« Zwar hatten viele von uns ein Jahr nach dem Sechs-Tage-Krieg begriffen, daß der Golem sich gegen seinen Schöpfer erhob und die Besetzung wie ein Fluch über uns hing, aber wir waren noch nicht bereit, auf das große, Ost und West vereinigende Jerusalem zu verzichten. Bis zum Ausbruch der Intifada, der Erhebung der Palästinenser in den besetzten Gebieten im Jahr 1987, dachte niemand von uns ernsthaft daran, die Illusion von der vereinten Stadt aufzugeben. Die Altstadt verschloß uns ihre Tore. Auch wenn sie offenstanden, weigerte ich mich hindurchzugehen, bis ich vor drei Jahren, 1995, an einem winterlichen Februarmorgen in den Ostteil zum »American Colony Hotel« fuhr, wo ich mit einer Redakteurin der deutschen Zeitschrift *Merian* und dem Photographen verabredet war, der sie zwecks Vorbereitung eines Jerusalem-Sonderheftes auf einer einwöchigen Reise in unsere Stadt begleitete. Das vor sieben Uhr morgens stattfindende Treffen sollte zum Ausgangspunkt für meinen ersten Besuch auf dem Tempelberg werden, denn es hatte mich in den fast dreißig Jahren, die seit dem Abriß der Mauer zwischen den beiden Teilen der Stadt vergangen waren, bisher nicht ein einziges Mal dorthin gezogen. Zwar war ich vor dem Ausbruch der Intifada oft im arabischen Teil gewesen, in der Altstadt, deren Märkte ich besonders liebte, aber bereits bevor es zum eigentlichen Aufstand kam, hatte ich meine Fahrten dorthin eingeschränkt, denn mir war die Feindseligkeit, die unverkennbar aus den Blicken der Bewohner, wenn auch nicht immer aus ihren Taten, sprach, fast unerträglich. Den Tempelberg hatte ich jedes Mal absichtlich gemieden. Hielt ich mich, was selten genug geschah, an der Klagemauer auf, dem Überrest vom Tempel des jüdischen Volkes, kam es mir nicht in den Sinn, zur anderen Seite hinüberzuspähen, wo man mit wenigen Schritten (vorbei an der noch heiligeren Al-Aksa-Moschee) die »Felsendom« genannte Moschee erreicht, ein bedeutendes, auf dem Tempelberg selbst gelegenes moslemisches Heiligtum.

Der Tempelberg versetzt mich allein durch sein Vorhandensein in Panik, denn in meiner Vorstellung erscheint er stets als Ort, der die Kraft besitzt, das gemeinhin als »Jerusalem Syndrom« bekannte Phänomen auszulösen, eine besondere Art von Hysterie, die Jerusalem-Pilger befällt. Auf englisch heißt es »Jerusalem squable poison«, das verrückt machende Jerusalemer Gift, und auf französisch »fièvre jerusalemienne«, das Jerusalemer Fieber. Ein hiesiger Psychiater definierte es als »eine Erkrankung, die speziell in dieser Stadt auftritt und anscheinend aus der Diskrepanz zwischen Vorstellungsbild und Wirklichkeit des Ortes resultiert. Diese Diskrepanz ruft in bestimmten Fällen eine Art mystisches Erlebnis hervor, das mit einem tiefen Schock einhergeht. Die enttäuschten und frustrierten Glaubenstouristen versuchen daraufhin, ihr geistiges Gleichgewicht wiederzugewinnen, indem sie die Beherrschung verlieren. Sie benehmen sich so merkwürdig, wie sie es an keinem anderen Ort der Welt wagen würden«. Der fast messianische Wahn, der Wallfahrer und Besucher packt, kann gelegentlich auch ganz normale Bürger ergreifen.

In meiner Vorstellung war der Tempelberg untrennbar mit dem Bild religiöser, in Blutvergießen endender Ekstase verbunden. Ich hätte sein Dasein am liebsten vergessen. Ich machte mir vor, es gäbe ihn nicht. Dem Tempelberg keine Beachtung zu schenken war mein Versuch, in Jerusalem zu leben, als sei diese Stadt wie jede andere. Seit jeher habe ich Abneigung gegen Stätten empfunden, die man mit dem Attribut »heilig« bedacht hat. Manchmal beruht diese Benennung, wie im Fall des Tempelbergs, auf der Würde und Erhabenheit, die ein geographischer Ort dem Verweilenden einflößt. Manchmal verharrt der Betrachter an einem bestimmten Punkt – im Falle des Orakels von Delphi zum Beispiel dort, wo sich im fünften Jahrhundert vor der Zeitrechnung die alten Griechen versammelten – und spürt dann für einen Augenblick ganz genau, warum die Götter gerade hier angesiedelt wurden. Manchmal allerdings, wenn an einem solchen Ort nationalistische und religiöse Rechnungen zu begleichen sind, bleiben von seiner Herrlichkeit am Ende nur Blut, Feuer und Rauchsäulen, die bekannten Todesboten.

Aber all diese Dinge gestand ich kaum mir selbst ein und anderen erst recht nicht. Am Abend zuvor hatte ich mich mit der Zeitschriftenredakteurin und dem Photographen bei »Fink« getroffen, einem von ausländischen Journalisten und der ortsansässigen Boheme gleichermaßen geliebten Eß- und Trinklokal im jüdischen Teil der Stadt. Die Stimme der Redakteurin hatte verwundert geklungen, als ich ihr am Telefon erklärte, daß ich nicht ins »American Colony« kommen könnte, weil das malerische Hotel mit seinen Obstbäumen und Blumenbeeten, eine internationale Enklave, wo Wohlmeinende, Kontaktpersonen und Intriganten aller Seiten ihre Ränke schmieden, seit dem Ausbruch der Intifada für mich tabu war. Das stilvolle Gebäude wurde zu Beginn unseres Jahrhunderts von schwedischen und amerikanischen Pilgern als religiöse Mission errichtet. Sie beabsichtigten, hier eine Art Spiegelbild des »Himmlischen Jerusalem« zu schaffen und die Idee von einer überirdischen Stadt ewiger Gerechtigkeit und gegenseitiger Nächstenliebe zu verwirklichen. Die beinahe heilige und äußerst gefährliche Torheit der frommen Siedler, die in ihrem religiösen Eifer die menschliche Natur genauso außer acht ließen wie den in Generationen gewachsenen Haß und dem Ort magische Kraft, das Gute hervorzubringen, andichteten, hat die schwedische Nobelpreisträgerin Selma Lagerlöff in ihrem zauberhaften »Jerusalem«-Epos aus dem Jahr 1903 auf bewunderswerte Art und Weise dargestellt.

Seit acht Jahren hatte ich die breite Fahrbahn am Ende der Jaffastraße nicht mehr überquert, um auf die gegenüberliegende Seite zu gelangen, wo große Palmen den Eingang zum anderen, zum arabischen Jerusalem markieren. Aber einmal, vor zweiunddreißig Jahren, hatte mich mein Weg ans Ende der Jaffastraße geführt, und ich fand mich zu Füßen der mächtigen Mauer aus Betonblöcken wieder, der 1948 zwischen dem westlichen, jüdischen und dem östlichen, arabischen Teil errichteten Trennwand, die sich tief ins Fleisch der Stadt eingegraben hatte und mir bereits anläßlich jenes Schulausflugs als Zehnjährige den Blick versperrte.

Wie zufällig – obwohl es schwierig ist, in Jerusalem zu leben und an reine Zufälle zu glauben – fand ich mich im Juni, nur wenige Tage nach dem 67er-Krieg, zu Füßen dieser Mauer am Ende der Jaffastraße wieder. Ich schaute hinauf und folgte wie gebannt den Armbewegungen eines jüdischen Arbeiters, der im Unterhemd auf der obersten Sprosse einer riesigen, an der Mauer lehnenden Leiter stand (noch ein Anblick, der aufgrund der Eroberung völlig verschwand; heute gibt es in Jerusalem keine jüdischen Bauarbeiter mehr, die Stadt erbauen jetzt Palästinenser und rumänische Gastarbeiter) und mit einem schweren

Abb. 30: Blick von der Jerusalemer Mauer nach dem Sechs-Tage-Krieg

überdimensionalen Eisenhammer auf die Betonblöcke einhieb. Es war einer der glühendheißen Tage des Sommeranfangs, die ganze Straße brannte.

Ich weiß nicht, ob man zum Abriß anderer Teile der Mauer Bulldozer einsetzte und nur in diesem Abschnitt besondere Vorsicht walten ließ, um das schöne alte Gebäude der Barclay's Bank zu schützen, das dort auch heute noch steht. Zeitweilig war hier sogar das Büro von Teddy Kollek untergebracht, dem Bürgermeister, der sich mit der Stadt identifizierte, der mit den Problemen ihrer Vereinigung tagaus, tagein lebte und unmittelbar nach dem Ausbruch der Intifada im israelischen Fernsehen mit gebrochener Stimme erklärte: »Die jüdisch-arabische Koexistenz ist tot.« Verwundert fragte ich mich schon damals, warum ein so bedeutender Akt wie der Abriß der Trennwand, die uns seit mehr als zwanzig Jahren den Blick auf die vom türkischen Sultan Süleiman dem Prächtigen errichtete, beeindruckende Altstadtmauer verwehrte, in aller Stille mit surrealistischer Diskretion vollzogen wurde, ganz so, als würde nur rasch ein belangloses Hindernis beseitigt. Damals hielten sich in der glühenden Mittagshitze nur sehr wenige Menschen am Ende der Jaffastraße auf. Heute wäre ein solches Ereignis mit Sicherheit zelebriert worden, heute hätte man aufwendige Zeremonien inszeniert, jenen grandiosen Schauspielen gleich, die den Abbruch der Berliner Mauer begleiteten, oder vielleicht mit Aufführungen im Geist der grotesken Prachtentfaltung unserer Dreitausend-Jahr-Feiern.

Wer heute am Ende des Bürgersteigs der Jaffastraße

steht und in Richtung Stadt blickt, dem fällt das neue Rathaus ins Auge, ein Monumentalbau, der sich über den gesamten unteren Abschnitt der Jaffastraße erstreckt. Den für offizielle staatliche und städtische Veranstaltungen vorgesehenen Rathausplatz pflasterte man mit Jerusalem-Stein, und unter ihm grub man ein unterirdisches Parkgelände für Hunderte von Stadtangestellten. Bevor der Prachtbau an der Nahtstelle zwischen der jüdischen Neustadt und der arabischen Altstadt errichtet wurde, verkaufte dort ein erschöpfter und verbitterter Bäcker in einer winzigen, ebenerdig gelegenen Backstube knusprige, mit Salz bestreute Brezeln, die wir nach der Kino-Spätvorstellung mit großem Appetit verschlangen.

Vor dem Treffen mit der Merian-Redakteurin bin ich hierhergefahren, um zu sehen, was aus der trauten Straßenecke geworden ist, und um mich zu erinnern. Ausgerechnet jetzt hastet ein schwarz gekleideter charedischer Jude an mir vorbei und wendet sich demonstrativ ab; nicht nur, daß ich eine Frau bin, ich bedecke auch meinen Kopf nicht, und meine Arme sind nackt. Ich weiß, wohin er rennt, er rennt ins nahe gelegene »Meah Schearim«, ins Wohnviertel der Charedim, das wie ein eingefrorenes osteuropäisches Stetl aus dem neunzehnten Jahrhundert wirkt. Leute wie mich verschlägt es nur äußerst selten dorthin, höchstens vielleicht, wenn sie eine echte Daunendecke günstig erstehen wollen.

Abb. 31: Meah Schearim

Allein der Gedanke an Meah Schearim legt etwas vom wahren Kern der Stadt bloß, deren Väter sich seit geraumer Zeit bemühen, ihr das Gesicht einer normalen Hauptstadt zu verleihen. Der trotz der Sommerhitze wie getrieben über den glühend-heißen, dampfenden Asphalt hastende Charedi erinnert mich an Jizchak Kummer, Agnons Held aus *Gestern, vorgestern*; die Assoziation genügt, um den seit Urzeiten in Jerusalem beheimateten Irrsinn heraufzubeschwören, einen Irrsinn, vor dem die mehr oder weniger normalen Einwohner gewöhnlich ihre Augen verschließen. Wenn die brennende Glut alle Fußgänger grillt, ist es jedoch unmöglich, den Jahrtausende alten Wahn nicht zu spüren. Aber in Meah Schearim und am abrupten Übergang zwischen der ultraorthodoxen Enklave und dem modernen säkularen Zentrum bleckt er jederzeit ganz offen seine Zähne.

Im Roman *Gestern, vorgestern* beschreibt Agnon dieses Viertel zumeist aus der Sicht des dämonischen Hundes Balak, der tollwütig durch die Jerusalemer Gluthitze rast. Agnon läßt seinen allwissenden Erzähler mit sich unschuldig stellender Ironie aus der Entstehungsgeschichte plaudern: »Meah Schearim liegt in Jerusalem wie eine Stadt für sich in einer anderen Stadt. Es gibt dort weder Paläste noch Villen, weder Gärten noch Obstbäume oder sonstige freundliche Verschönerungen. ... Als Jerusalem gewahr wurde, daß die Judenheit aus allen Ländern herbeiströmte und die Söhne Ismaels von Jahr zu Jahr den Mietpreis steigerten, da taten sich hundert der besten

Männer Jerusalems zur Gründung einer Gesellschaft zusammen, die den Bau von Häusern außerhalb der Stadtmauern zum Zweck hatte. Sie kauften sich ein großes, weites Tal mit einer Fläche von dreißigtausend Quadratruten, schachteten Zisternen im Fels aus und bauten sich Häuser, errichteten Bet- und Lehrhäuser, religiöse Schulen für Kinder und Talmudstudenten, ein Badehaus und Läden und was ein jüdischer Mensch sonst noch für Leib und Seele braucht. Zuerst hatten sie vorgehabt, dort Weizen zu säen und Ethrogbäume zu pflanzen, daß man auf seinem eigenen Feld den Weizen mähen könnte, den man zum Backen ungesäuerter Brote zum Pessachfest aufbewahrt, und sich den eigenen Ethrog zum Laubhüttenfest pflücken könnte. Aber Jerusalem erfreut sich ganz besonderer Heiligkeit, man kann in ihm nicht Nutzgärten oder Obstpflanzungen anlegen, nicht säen oder ernten – des schlechten Geruches wegen, denn besäter Boden fordert Dünger, und Dünger riecht nicht gut. Man überlegte es sich und nahm Abstand vom Säen oder Pflanzen.« An dieser Stelle darf vielleicht erwähnt werden, daß die erstickenden Abfalldämpfe von Meah Schearim, ein Produkt der äußerst gedrängten und wie mit Absicht häßlichen Bauweise, um vieles aufdringlicher sind, als alle Gerüche nach dem Dünger, »den besäter Boden fordert«, je sein könnten.

Lassen wir den Charedi, der abgewandten Gesichts an mir vorbeieilt, und kehren wir zum Abbruch der Beton-

Abb. 32: Meah Schearim

mauer am Ende der Jaffastraße zurück. Denn damals, an jenem heißen Junitag vor der Mauer, schien mir, als wäre auch ich von einer Art Wahn gepackt. Von der Bedeutung des Augenblicks durchdrungen, wartete ich auf den Durchbruch, brannte darauf, zum erstenmal im Leben einen Blick in die Welt auf der anderen Seite zu werfen.

Als ich meine Augen vom Rathaus abwende, sehe ich einen alten Mann, der in aller Gemütsruhe die Straße fegt. Er ist Araber, das weiß ich aufgrund der Kleidung und einiger Zeichen, für die es keine Worte gibt, denn Angehörige der beiden ethnischen Gruppen, die in dieser scheinbar vereinten Stadt sich gegenseitig fürchtend zusammenleben, erkennen einander auf Anhieb. Während ich meinem Tagtraum vom Abriß der Mauer nachhänge und mich über das megalomanische Rathausgebäude ärgere, beweist der Straßenkehrer die unvergleichliche Überlebens- und Anpassungsfähigkeit des einfachen Menschen, der auch in drei Jahrtausenden nicht untergeht – Romantiker würden ihn wohl als rein bezeichnen und in ihm einen Abgesandten der »Holzhauer und Wasserschöpfer« sehen wollen; mir gilt er als Beispiel für die Lebenskraft derer, die ihr Herz nicht an Illusionen von Größe und Herrschaft hängen.

Auch im Juni 1967 geschahen die großen Dinge im Umkreis der Heiligen Stätten. Einige Tage vor meiner seltsamen Begegnung mit dem jüdischen Arbeiter, der auf die Mauer am Ende der Jaffastraße eindrosch, hatten wir die Altstadt erobert. Der Oberrabbiner der Streitkräfte blies

Abb. 33: Tanzende Soldaten vor der Klagemauer am 12. Juni 1967

fast aus den Steinen der Klagemauer heraus ins Schofar, während total unreligiöse blutjunge israelische Fallschirmspringer schluchzend ihre Stirnen an die mächtigen Steine legten. Von dieser Szene gibt es ein Photo, und es wurde zum Symbol jener Euphorie, die soviel Unglück über uns bringen sollte. Aber aus ihm spricht ebenfalls – und vielleicht sogar in erster Linie – die sehnsüchtige Hoffnung, der sich die meisten jüdischen Staatsbürger angesichts des erneut erkämpften Zugangs zur Klagemauer und zur historischen Vergangenheit hingaben.

Über das Phänomen der Klagemauer, den heiliggehaltenen Rest, den Kern unserer historischen Verklammerung mit diesem Ort, die große Rechtfertigung für die Eroberung der Altstadt und für das, was wir danach aus ihr gemacht haben, veröffentlichte Ariel Hirschfeld unter dem Titel »Das Lied vom Aufstieg in die Tiefe« in der Literaturbeilage der Zeitung *HA-AREZ* einen Essay zu Ehren von S. J. Agnons Geburtstag. Mir scheint, es gibt in der israelischen Gegenwartsliteratur keinen anderen Text, der wie dieser die Bedeutung der Klagemauer im Jerusalem unserer Tage beschreibt, und deswegen möchte ich »Das Lied vom Aufstieg in die Tiefe« hier in fast ganzer Länge einfügen:

Die Klagemauer – das Lied vom Aufstieg in die Tiefe

Der Besucher, der sich der Klagemauer vom Dungtor her nähert, muß zwecks Sicherheitskontrolle einen überdachten Bau passieren, dessen weit ausladende Fiberglaskuppeln auf Steinsäulen ruhen. Neues Baumaterial. Fremde Formen. An keinem anderen Ort im Land ist die Roheit des Eingriffs augenfälliger, denn kein anderer Ort besteht bis in sein tiefstes Wesen hinein so ganz und gar aus dem, was jenseits seiner Erscheinung liegt.

Die Klagemauer ist ein Rest vom Tempelberg. Ein Bruchstück seiner äußeren Begrenzung; Teil des Walls, der den heiligen Bezirk umgab. Sie ist weder von hehrer Schönheit noch bringt sie uns mit den heiligen Handlungen der Antike in Berührung, was übrigens auch keiner vergißt. Man kann sich ihr nähern und sie befühlen, sogar sie zu küssen ist erlaubt. Ihre mächtigen Steine sind der Natur wieder ganz nahe. Im Verlauf vieler Jahre ausgewaschen und angegriffen, wurden sie teilweise abermals zu Fels wie der Berg, aus dem sie stammen. Die Mauer ist voller Schrunden und Nischen, in denen Tauben nisten. In ihren Spalten blühen berauschende Gewächse, Kapernsträuche und Löwenmaul, finden Legionen von Eidechsen Unterschlupf. Wer hier betet, hält weder vor dem Altar noch vor einer Ikone Andacht. Er weiß sehr wohl, daß er vor einer Mauer steht.

Keine andere Stätte trägt wie diese das Wesen des jüdischen Volkes, seine Geschichte und seine Kultur in sich. Ihre Steine sind Scherben verlorener, längst zerschlagener Vollkommenheit, Trümmer eines Bauwerks, eines »Ortes«, an dem es auf festem Grund und Boden zu einer Verbindung zwischen Gott, auch schlechthin »der Ort« genannt, und dieser Welt kam. Sie waren Teil der äußersten Einfassung einer sakralen Anlage, die unter ihrem Dach das Allerheiligste, die Bundeslade und die Gesetzestafeln barg, in Stein gehauenes Zeugnis der Berührung des Menschlichen durch das Göttliche, einer Berührung, die zu einem Ort in der Welt wurde. Sie sind die Reste der letzten aller Schalen des heiligen Kerns, der seinerseits ein Stein war. Gestein und Gesetz. Am geometrischen Punkt, auf dem dieser Ort ruht und von dem aus er seine weiten Kreise zieht, begegnen sich Himmel und Erde. Es ist die Stätte, die Gott dem Patriarchen Abraham zur Opferung seines Sohnes anwies: »Abraham ... machte sich auf und ging hin an den Ort, von dem ihm Gott gesprochen hatte« (Genesis 22, 3).

Das islamische Heiligtum auf dem Tempelberg ist gleichfalls nichts weiter als ein Stein: der Felsen im »Felsendom«. Auf ihm und von hier aus trat der Prophet seine Himmelfahrt an; auch dies Gestein steht mit Göttlichem in Berührung, denn Mohammeds Lebensgeschichte zufolge liegt hier die Schwelle zum Himmel.

Die Klagemauer ist also Stein, der einmal Stein umschloß, und daher ein Bindeglied zur Verschalung und Behausung des Kerns, des Wahrzeichens der Berührung

Abb. 34: Betende an der Klagemauer

zwischen Himmel und Erde; zwischen dem erdgebundenen Menschen und dem, was bild- und raumlos ist, einem Gott, dessen Wesen unbegreiflich bleibt. Was bedeutet: Im gleichen Maße, wie wir darin übereinstimmen, daß dies der Ort ist, an dem einmal die engste Verbindung zu Gott bestand, muß auch klar sein, daß es zwischen uns und Gott keine logisch, bildhaft oder figürlich faßbare Verbindung geben kann. Es handelt sich um »einen der Berge«, von dem im 22. Kapitel des Buches Genesis die Rede ist: »... und opfere ihn dort zum Brandopfer auf einem der Berge, den ich dir sagen werde«. Er ist nicht besonders hoch und zeichnet sich auch sonst durch nichts aus. Zwischen der Beschaffenheit des Ortes und diesem Gott besteht keine Beziehung. Der Olymp, Delphi und ähnliche Stätten wurden von der Natur hervorgebracht. Ein mächtiger Berg, ein schroffer Felsen, eine Höhle und eine Quelle: Hier wohnen Götter, die verständlich und deswegen Götzen sind. Der Berg Moria dagegen ist ein beliebiger Berg. Zufällig im tiefsten Wortsinn. Notwendig. Hier hört man das Wort »Ort« mit dem gebührenden Ernst. Kein ersichtlicher Grund. Weder Schatten noch Quellwasser, nicht ein einziger Funken Herrlichkeit entzündet die Phantasie. Es hätte auch jeder andere Ort sein können.

Die Klagemauer hat überlebt, und sie hütet, mit der erstaunlichen Wirksamkeit der Wahrheit, das Wesentliche: die Richtung, die Verbindung, das große »Entgegen«. Steinerne Schale eines steinernen Ortes, führt sie an einen Ort, der über alle Orte hinausgeht und kein Ort ist. Sie hütet das immerwährende »hin zu« aus dem Genesis-Vers: »Ziehe weg aus deinem Vaterland ... hin ... zum Land ... Moria.«

Das Heiligtum und die Gesetzestafeln, die sich einmal an diesem Ort befanden, sind zerschmettert, es gibt sie nicht mehr. Die Geschichte ist bekannt, auch sie erzählt die Wahrheit. Mächtige Königreiche haben diesen Ort zerstört und das Volk in alle Winde vertrieben. Hier fanden Blutbäder statt. Jeder Stein der Umgebung trägt eine Wunde. Ein genauer Blick auf die Säulen und Bögen der Tempelberg-Moscheen legt Schicht um Schicht die Spuren einander ablösender Eroberer, Könige und Herrscher frei. Säulen voller verkrusteter Schläge. Den Juden blieb von jenem Ort nur ein Mauerrest. Wer das Wort »Rest« unter die Lupe nimmt, entdeckt allerdings viel mehr als nichts. Immerhin ist diese Steinwand äußerste und letzte Schale der Sache an sich. Und die Sache an sich war ihrem Wesen nach kein Gegenstand, sondern eine Beziehung.

Aus historischer Sicht ist die Klagemauer noch erstaunlicher; sie steht dort wie ein Wegweiser der Zeit. Sie rührt an die absolute Zukunft, an die »letzten Tage«, die über der Zeit stehen, und sie führt in die dokumentierte Antike zurück, als die Beziehung zwischen Gott und Mensch »praktiziert« wurde, an einen »Ort« gebunden war. Eine solche Beziehung kann in keiner wie auch immer gearteten Gegenwart noch einmal hergestellt werden. Die Gesetzestafeln gibt es nicht mehr. Nur mit vom Himmel beschriebenen Tafeln ließe sich ein solcher Ort wieder ins Leben rufen. Aber der Himmel schreibt keine Tafeln mehr. So etwas konnte sich nur im tiefen Brunnen der Vergangenheit zutragen und nur mit dem Wissensstand und dem Weltbild damaliger Generationen als Himmel und Erde verbindende Wahrheit verstanden werden. Für uns haben diese Ereignisse lediglich als Gewesenes Gültigkeit. Aber als solches sind sie existent und von fundamentaler Bedeutung.

An diesem Ort treten wir mit der Urzeit in Berührung, mit unserer Kindheit im grundsätzlichen, überpersönlichen Sinn; hier erwachte die Tradition des Menschen, der weiß, daß sein Leben, wenn auch nicht ausschließlich, so doch vorwiegend, in dieser Welt gelebt werden muß. Die Zerstörung des Tempels und der Gesetzestafeln ist eine historische Wahrheit und entwicklungsgeschichtlich zutiefst bedeutsam. Im Jahrtausende währenden, tragischen Kapitel vom Heranreifen und Überleben des jüdischen Volks hat es sich zur »unbedingten Liebe« emporgerungen, zur Liebe, die an nichts gebunden ist, zur Trennung von Ort und Bedeutung. Die erneuerte Bindung an einen Ort, an diesen Ort, an die Klagemauer und an den Tempelberg, ist der Prüfstein unserer Reife. Unter diesem Aspekt ist die Zerstörung des Tempels mitsamt der Gesetzestafeln ein schmerzhafter, aber notwendiger Vorgang, wenn das Gefüge von Religion, Nation und Kultur vor dem Abgleiten in die Versteinerung bewahrt werden soll. (Als erstes zerschmetterte Moses die Gesetzestafeln. Das ist seine Botschaft.)

»Und wir sind ein Wanderervolk, alle; nicht deshalb,

weil keiner ein Zuhause hat, bei dem er bleibt und an dem er baut, sondern weil wir kein *gemeinsames* Haus mehr haben. Weil wir auch unser Großes immer mit uns herumtragen müssen, statt es von Zeit zu Zeit hinzustellen, wo das Große steht.« (R. M. Rilke, *Auguste Rodin*, 1907)

Ein Jude, der heute vor der Klagemauer steht, weiß sehr wohl, daß »die ganze Welt Seiner Ehre voll« ist und dieser Ort lediglich »einer der Berge«. Wer zu ihr spricht, spricht gegen eine Wand; die einzige Bedeutung dieses Sprechens liegt in der Bereitschaft, gegen den Stein anzureden, gegen die Sinnlosigkeit, gegen die unerbittliche Hartherzigkeit des Gottes, der sich jedem Begriff entzieht. Dennoch hält dieser Ort durch sein Dasein, das es uns ermöglicht, die Vergangenheit zu berühren, einen schwachen Trost bereit. Er ist eine Nabelschnur. Anspruchslos wie Wasser. Echt. Frei vom Anhauch aufgesetzter zeremonieller religiöser Ästhetik.

Eines Tages stand ich ganz dicht an der Mauer und betrachtete die zusammengefalteten Zettel in den Spalten und die fleckigen, ockerfarbenen Flechten auf den grauen Steinen, als mich einer der Betenden behutsam zur Seite schob und warnend zuerst nach oben und dann nach unten wies. Über mir saß auf einem Mauervorsprung eine Taube, und auf dem Boden genau darunter lag ein Häufchen Dreck. Der zuvorkommende Beter hatte sich Zeit für eine kleine zwischenmenschliche Geste genommen und warnte sowohl vor dem, was mir von oben drohte, als auch vor dem, was unten auf mich wartete. Er kannte nicht nur den bei Tauben beliebten steinernen Vorsprung, sondern auch den Unterschied zwischen einer Friedenstaube und Tauben aus Fleisch und Blut. Er ließ sich die Gelegenheit, jemandem lächelnd einen Gefallen zu erweisen, nicht entgehen und empfand den scharfen Gegensatz zwischen diesem Ort und den Lebensäußerungen der Tauben nicht als unschicklich. Er betete nach jüdischem Brauch, wandte sich, wie die Exilierten in der mehrtausendjährigen Diaspora, gen »Osten«, der Mauer zu, überflog die Verse der Gebete in hastigem, fast gesummtem Singsang und wiegte sich dabei hin und her. Vielleicht ruft die Schaukelbewegung ein früheres Gewiegtwerden in Erinnerung. Die Worte der Gebete haben ihre lebendige Bedeutung längst verloren. Er denkt nicht mehr an sie. Er stellt sie dar. Was bleibt, ist die Richtung, die Hinwendung zur Klagemauer, zum Osten, zur großen Vergangenheit und zur absoluten Zukunft. Zum Wesentlichen.

Da stehst du nun am Weg, der sowohl tief in die Vergangenheit als auch über die Zeit hinaus führt, und er sieht aus wie eine Wand. Wie sollte er sonst aussehen? Kein Dichter hat in seinem Werk ein dermaßen zutreffendes, ein dermaßen aussagekräftiges Zeichen aufgerichtet. Das Symbol ist aus Stein, und es weist dich wieder und wieder darauf hin, daß die Bedeutung in dir liegt und nicht in ihm. Das Gegenteil eines Fetisch. Um ein Vielfaches erhabener als alle symbolträchtigen heiligen Geräte und mit Gott in Verbindung gebrachten Phänomene der Welt (das Kreuz, die Heilige Dreifaltigkeit, der Stein des Propheten, der Heilige Stuhl etc.). Ich möchte die Klagemauer gegen keinen Heiligen Petrus und keine Hagia Sophia eintauschen. Über ihr, im Bereich der Tempelberg-Moscheen, blendet eine pompöse, nationalstolze, als Palastnachahmung konzipierte und aufgrund der manipulativen Architektur theatralische Prachtentfaltung das Auge; dort steht man der offiziellen, machtsüchtigen, institutionalisierten Religion gegenüber, einer konservativen, normativen Kraft und einer Beleidigung für den Geist. Darunter dagegen: ein Zeichen des Unterwegsseins in Form einer Mauer. Dieses Symbol bezieht seine Tiefe aus dem Widerspruch. Ein Weg, blockiert wie die Sehkraft des blinden Sehers Teresias. Die Sprache meint das Gegenteil dessen, was sie sagt.

Die Klagemauer ist die Antwort der Zeit aus dem Auge des Sturms. Eine Wand. Stein auf Stein und der Strom der Zeit. Wind, Wasser, Flechten, Schrunden. Und die Spuren der Zeit: Tauben, Gräser, Fingerabdrücke, Zettel aus Papier. Und über beidem die »historische« Zeit. Die Mauer speichert frühere Verwüstungen (ihre Steine stammen aus dreitausendjährigen Trümmern) und eigene Zerstörungen; durch Rom, Byzanz, Mekka.

Wer nur einige Schritte zurücktritt, befindet sich bereits im Einflußbereich der Gegenwart. Neben einem Symbol, an dessen Tiefe die Zeit selbst gearbeitet hat, muß wohl jeder behördliche Eingriff flach und töricht wirken, dennoch hat sich der jüdische Staat besonders hervorgetan. Er überließ diese Stätte der institutionalisierten Religion, so daß alles, was die Mauer umgibt, und jeder Fußbreit Boden, der in ihrem Blickfeld liegt, das Kräfteverhältnis der verschiedenen Richtungen innerhalb des Judentums spiegelt. Sie haben nichts unberührt gelassen. Als erstes verwandelten sie die Mauer in eine Art Synagoge und zogen einen Zaun, um für Männer und Frauen getrennte Gebetsplätze zu schaffen. Das Gittergeflecht aus Nirosta (!) repräsentiert die Ästhetik der praktizierten Religion in Israel und ist neben dem tieferen Grund seines Daseins null und nichtig; die synagogale Trennwand zwischen den Geschlechtern hat hier nichts zu suchen. Was hat die Klagemauer mit den Begriffen der Synagoge gemein? In jeder Generation war es jedem Juden gestattet, hier ganz für sich, ohne Vermittlung einer Institution, mit seinem Gott allein zu sein. Frauen sowie Männer begaben sich ohne jedes Zeremoniell hierher. Der Klagemauer gegenüberzustehen war eine religiöse Handlung. Und dann kam der Staat und sorgte dafür, daß dieser absolut heilige Ort zu einer Zweigstelle des Oberrabbinats wurde. Wenn es eine Stätte gibt, von der man das Rabbinat vertreiben sollte, damit ihr Wert bewahrt bleibt, dann ist es diese.

(Hier hat die Abtrennung einer Gebetsstätte für Frauen, wie bekannt, zudem noch politische Bedeutung. Die Unruhen des Jahres 1929 brachen am neunten Tag des Monats Av aus, als man aus Anlaß des Trauer- und Fastentages den Frauenbereich mit einem Gitter abteilte. Der Mufti wählte diesen Ort und diesen Vorgang, um Unruhen zu entfachen [einem der »Weißbücher« der britischen Verwaltung zufolge galt die Errichtung eines Zauns als Übertretung der Regulierungen für Heilige Stätten], und dadurch wurde das Aufstellen eines solchen Gitters zu einem Herrschaftsakt. Wer verlieh ihm diese Bedeutung? Hadsch Amin el Husseini.)

Und im Anschluß an den Zaun: der gepflasterte Platz. Viertausend Quadratmeter sanft abfallender Natursteinplatten, in schmalen Querreihen verlegt. Hier demolierte die Abteilung für Öffentliche Bauarbeiten auf Anweisung der Regierung von 1967 das alte Moghrabi-Viertel. Ich habe den damaligen Anblick nicht gekannt, aber der jetzige ist leer und verlogen, von der Art der Baumaßnahmen, die »Schaffung von Tatsachen vor Ort« genannt werden. Er ist selbst so eine Tatsache. Von Leuten ersonnen, die nicht über das Verantwortungsgefühl verfügten, das die Gestaltung einer solchen Fläche verlangt.

Dreht man sich um, dann erblickt man neue Jeschiwa-Bauten mit »orientalischen« Motiven, lügenhafte, rasch hochgezogene Gebilde aus Beton mit einer dünnen Steinfassade. Ihre Aufschriften zerschneiden die Luft, beanspruchen den ganzen Bereich für sich, verkünden Herrschaft und Ehre einer Gruppe von Rabbinern. So stellt sich das religiöse Judentum dar, das diesen Ort fest im Griff hat. Hier und in den Höfen der Tempelberg-Moscheen steht der Besucher der geballten Faust gegenüber. Die Umgebung der Klagemauer bietet als besondere Zugabe noch ein Beispiel der offiziösen Religionsästhetik, die bei uns die Ästhetik von Menschen ohne eigenen Ort ist (im Judentum vollzog sich in den letzten Generationen eine Trennung von säkular und religiös, wobei sich die religiöse Gesellschaft jede Berührung mit echter ästhetischer Erfahrung versagte. Damit ist nicht glanzvolles Gepränge gemeint, sondern die Fähigkeit, ein angemessenes Verhältnis zwischen Inhalt und Form des Lebens, zwischen den Texten und den Symbolen zu finden.

Die Zerrissenheit des heutigen Judentums trennt den orthodoxen Teil vom geistigen und praktischen Leben der gegenwärtigen Generation ab, wodurch sich der widersinnige Zustand ergibt, daß eine gewisse Menschengruppe einem »überzeitlichen« und »überörtlichen« Lebensstil frönt, Kleider trägt, die nicht von jetzt und nicht von hier sind, sondern in längst untergegangenen Reichen auf ganz andere Klimaverhältnisse zugeschnitten wurden, und sich weiterhin in Ghettostrukturen organisiert; und das Ghetto ist ja bekanntlich ein Wohnort Vertriebener, deren Ort nicht ihr eigentlicher Ort ist).

Die Bindung der Orthodoxen an den Ort ist rein physisch, nicht bedeutsamer als die von Wasserhahn und Abflußrohr, und der Geist, das so eifrig gelehrte Religionsgesetz und die Thora schweben abgehoben von Zeit und Ort in der Luft, was sich wiederum am Ort bemerkbar macht: an seiner Verschmutzung, seiner fehlenden Präsenz, der unsäglichen Ästhetik der Jeschiwa- und Synagogenbauten. (Ein »überzeitlicher« Anblick, der Fangnetze in alle Richtungen auslegt. Die eklektische Ansammlung von »jüdischen« und »modernen« Symbolen jeglicher Couleur entblößt innere Hohlheit, die weder für die jüdischen noch für die modernen Symbole echte Gefühle hegt. Materie ohne Form.)

Zwischen den verschiedenen Jeschiwen und den zu Höchstpreisen (die wegen des »freien« Blicks aus dem Wohnraum direkt auf die Klagemauer gefordert und gezahlt wurden) verkauften Villen im jüdischen Viertel erstreckt sich ein unbebauter, vernachlässigter Streifen Land. Seit etlichen Jahren weiß man nichts mit ihm anzufangen. Jedes Stück Boden, das zum jüdischen Viertel gehörte, wurde renoviert, bebaut, erworben und in Besitz genommen, aber die Berührung mit der Klagemauer blieb lückenhaft, unvollständig, unverstanden. Dieser Flecken vernachlässigter Erde, auf dem sich Abfall häuft, legt die Ambivalenz der Berührung bloß, weist auf den verborgenen Abgrund zwischen Staat, Gesellschaft, Kultur und diesem Ort hin.

Bis zum Sechs-Tage-Krieg führte eine lange Flucht enger Stufen zur Klagemauer. Diese Stiegengasse ist oft beschrieben worden. Die architektonische Aufgabe der Mauer verlangte nach Treppen, denn sie gehörte zum Unterbau des Tyropeons, des antiken Tales der »Käsemacher«. Die Planierung des Platzes radierte jedoch die Neigung weg, so daß am Ende der neu geschaffenen Ebene eine steile Wand aufragte, eine auf Übereilung zurückzuführende grobe Fehlplanung. Es entging den Architekten dieser künstlichen, »Klagemauer-Platz« genannten, flachen Anlage, daß Stufen aufgrund ihrer Beschaffenheit

Abb. 35: Die Klagemauer nach dem Sechs-Tage-Krieg

und ihres Symbolgehaltes der einzig angemessene Weg sind, sich der Klagemauer zu nähern. Im Hinauf- oder Hinabsteigen liegt eine einfache, durch nichts zu ersetzende Botschaft, die in Stufen ihren konkreten Ausdruck findet. Die langen Treppenabsätze (wie sie in der parallel verlaufenden Schalschelet-Straße noch zu finden sind) markieren Grade der Auf- oder Abwärtsbewegung, entsprechen verschiedenen Stadien eines Prozesses.

Agnon beschreibt diese Stufen in *Gestern, vorgestern*:

»Auf jeder der steinernen Stufen auf dem Weg zur Klagemauer liegen Scharen von Armen herum, Blinde und Lahme, Leute, die einen Arm verloren haben, denen ein Bein fehlt, oder Menschen mit geschwollenem Hals, oder von Hunger aufgedunsen, mit Herzschrumpfung oder anderen Gebrechen und körperlichen Mängeln; menschliche Bruchstücke, die von ihrem Schöpfer mitten in der Arbeit fortgelegt und nicht fertiggestellt worden sind; denen Er beim Beiseiteschieben die Hand aufgelegt und ihre Qualen vervielfacht hat; oder die nach vollendeter Erschaffung von einem unbarmherzigen Urteil getroffen wurden. Je tiefer du hinabsteigst, je mehr steigt das Elend von Stufe zu Stufe an. Am unteren Ende der Stufen angelangt, siehst du ein Bündel Lumpen vor dir liegen. Du hältst es für Lumpen, es ist aber eine Frau mit ihrer Tochter; ob die Tochter jünger als die Mutter ist, läßt sich ihr nicht ansehen; sehen läßt sich, daß beider Elend dasselbe ist, das Elend des Hungers. Ihre Augen blicken dich an, es kommt dir aber vor, als sähen dich nicht die Augen, sondern der Eiter darin an. Vor jenem Haus, das unser Kostbarstes war und heute in Trümmern liegt, liegen diese Überbleibsel von Leibern; dort, wo jedes Gebet, jedes Flehen um Gnade, das ein jüdischer Mensch vorbrachte, einstmals vom Heiligen, Preis Ihm, vernommen und erhört wurde, und wo man jetzt, vor dem zerstörten Haus, betet und fleht und bittet, ohne erhört zu werden. Und wird ein Gebet erhört, so tut es doch nur halben Dienst; die Seele eines Menschen findet Hilfe, sein Leib nicht.«

Die »steinernen Stufen«, von denen hier die Rede ist, führten direkt an die Klagemauer heran. Die literarische Beschreibung folgt der architektonischen Vorgabe, um verschiedene Stadien menschlichen Leids zu schildern, und erreicht dadurch unerhörte Ausdruckskraft. Für den hebräischen Leser hat allerdings das Wort »Ma'ale/Stufe« weitere Bedeutungen: Aufstieg, Vorzüglichkeit, Vorbildlichkeit; wem dieses Wort im Zusammenhang mit dem ehemaligen Tempel begegnet, der denkt ohnehin als erstes an den klassischen Sinn, in dem es der Psalmendichter in den sogenannten Ma'alot-Psalmen, den Stufenliedern, gebraucht. Auch hier ist sowohl von einem geistigen als auch von einem räumlichen Aufstieg die Rede. Die Stufenlieder wurden von Leviten gesungen, während sie die Treppe zum Tempel emporstiegen. Auf jedem Absatz priesen sie, dem Aufbau des Liedes folgend, einen weiteren

Vorzug des Allmächtigen. Agnon, der bekanntlich von Leviten abstammte und dieser Tatsache große Bedeutung beimaß, hat hier ein Stufenlied eigener Art verfaßt: das Lied zerfallender Stiegen, von einem zeitgenössischen Leviten auf den Treppen des zerstörten Tempels gesungen.

Die Aufwärtsbewegung (sowohl räumlich als auch inhaltlich) in der Struktur der antiken Stufenpsalmen wird im modernen Text ins völlige Gegenteil, in den Abstieg verkehrt: »Je tiefer du hinabsteigst, je mehr steigt das Elend von Stufe zu Stufe an.« Das Hinabsteigen entspricht der Bedeutung des Ortes, der für die Verwüstung des Tempels steht. Der Kern der Stadt Jerusalem liegt in Trümmern. Darauf weist Agnon im zentralen Teil seines Romans von Erlösung und Befreiung eindringlich hin. Die Verwüstung ist ein andauernder Zustand, an dem auch das zionistische Unterfangen nichts hat ändern können.

Die nicht vollzogene Berührung, der unverstanden gebliebene Raum im Umfeld der Klagemauer enthüllt die Verlegenheit der staatlichen jüdischen Zivilisation, die den Ort für ihre Zwecke nutzen möchte, aber nicht recht weiß, was sie mit ihm anfangen soll. Wie können die ausgestopften Klagemauer-Jeschiwen aller Art mit der Mauer selbst verbunden werden? Eine kleine Parkanlage? Ein Souvenir-Laden? Vielleicht stilisierte Bundestafeln und ein Regenbogen hinter Gittern?

Die Klagemauer erfüllt die Absichten ihrer Erbauer längst nicht mehr. Heute ist sie ein Konzentrat aus Zeit und Katastrophen. Keine menschliche Komposition. Ein völliger Gegensatz zu heiligen Hallen. Sie von weitem zu betrachten ist sinnlos. Sie ist konturlos, hat sich fast ganz in ihre Umgebung zurückgezogen. In bestimmter Weise nimmt sie nicht einmal Platz ein. Man muß ihr nahe kommen, in ihrem Schatten stehen. Nur dann kann sich der Blick in ihr verfangen. Rück- oder Seitenansichten hat sie nicht zu bieten. Das Auge fällt sofort auf das Eigentliche, auf sie selbst. Daß Zettel und Briefe in die Mauerritzen gezwängt werden, ist kein Zufall. Die tiefen Risse rufen geradezu nach bitteren Worten und Klageliedern, ziehen sie an und in sich hinein. Die Spalten falten sich um das Papier, und die Worte strömen in den Stein. In die Kruste der Zerstörung. Und wir, von Gott noch einmal um sich geschart und in zweitausend Exiljahren von Seiner Gebundenheit an das Land entwöhnt, treten an sie heran und würgen Sand, messen an ihr unser Erbe.

Als ich damals am Ende der Jaffastraße vor der Wand aus Betonblöcken stand, so wie eine Zwanzigjährige zu stehen vermag, überwältigt von der Heiligkeit des Augenblicks, optimistisch bis zur Peinlichkeit, glaubte ich mit aller Kraft an den Symbolgehalt des Mauerabbruchs, stellte mir zwischen den beiden Stadtteilen hin- und herwogende Menschenmengen vor und wartete fast ganz allein darauf, daß die Wand eingeschlagen würde und ich endlich eine Handbreit der Stadt sehen könnte, zu der ich vom Dach der Kirche Notre Dame aus so oft hinübergespäht hatte.

Abb. 36: Blick auf Jerusalem 1967
Abb. 37: Blick auf Jerusalem 1998

(Im Notre-Dame-Gebäude befanden sich damals billige Studentenunterkünfte, heute ist es eine Sehenswürdigkeit und beherbergt, wie sollte es anders sein, ein luxuriös-arrogantes französisches Restaurant.)

Um an diesem Augenblick praktischen Anteil zu nehmen, ihn wirklich zu erleben, um an diesem Werk oder vielleicht sogar in der Ewigkeit meinerseits eine winzige Spur zu hinterlassen, aber auch, weil es so heiß war und der Arbeiter von Schweiß troff, hielt ich meine Flasche mit einem Apfelsinengetränk in die Höhe und rief ihm zu, er sollte davon trinken. Er stieg einige Sprossen hinab und stand fast wie einer der ersten Pioniere auf einem der schwarz-weißen Archivphotos aus den Anfangstagen des Staates da, legte den Kopf in den Nacken und schluckte in großen Zügen, den Metallverschluß hatte er kurzerhand mit den Zähnen entfernt. Seitdem betrachtete ich diesen Arbeiter, und nicht die an den Steinen der Klagemauer schluchzenden Soldaten, als den Menschen, der es mir ermöglichte, endlich zu erblicken, was sich hinter der abgrundhäßlichen Wand (sie bestand ja nicht aus dem weiß-rosa Jerusalem-Stein) verbarg. Ich konnte es kaum erwarten, die andere, die zweite Stadt zu sehen. Blind wie die schwedisch-amerikanischen Pilger, die das »American Colony« bauten, glaubte ich in diesem Moment an Vereinigung und Zusammengehörigkeit. Ich fühlte damals, fand allerdings in meinem Begeisterungsrausch keine Worte dafür, daß endlich der Augenblick gekommen war, in dem wir, die Kinder von Flüchtlingen und Entwurzelten, durch

Verschmelzung und physische Verbindung mit der anderen Welt in ihr wirklich Fuß fassen könnten und dann endlich, wie alle Menschen, irgendwo zu Hause wären, eben hier, im Mittelmeerraum.

Seit acht Jahren hatte ich also die breite Fahrbahn am Ende der Jaffastraße nicht mehr überquert, um auf die gegenüberliegende Seite zu gelangen, wo große Palmen den Eingang zum anderen, zum arabischen Jerusalem markieren. Nachdem die beiden Stadtteile von keiner Mauer mehr getrennt waren, erkannte ich ziemlich schnell, daß die fremde und exotische Welt, die sich an jenem Junitag des Jahres 1967 vor mir auftat, nicht für mich bestimmt war. Daß man mir dort mit unverhohlener Feindseligkeit begegnete und daß ich nie und nimmer, was immer ich auch unternähme, wirklich ein Teil von ihr werden könnte.

Es war die Feindseligkeit, die in mir Fremdheit und Schuldgefühle auslöste. In Jerusalem traf uns die Intifada besonders hart. Von dem Zeitpunkt an, als der schwelende Haß sich durch Gewaltakte Luft schaffte, als das verborgene Wesen der Stadt – Almukdassi, ein arabischer Geograph, stellte schon vor über tausend Jahren fest: »Jerusalem ist eine goldene Schale voller Skorpione« – sich offenbarte, ließ sich die Feindschaft nicht länger verleugnen.

Ich schränkte meine Besuche in den Marktstraßen und Restaurants der Altstadt ein. Was mich zum Fernbleiben bewegte, war wohl auch simple Angst, aber doch nicht nur. Ich hatte eingesehen, daß die Dinge nicht so waren, wie sie sein sollten, und weigerte mich, wie ein unbedachter Tourist Orte aufzusuchen, an denen ich die Besatzungsmacht vertrat. Auch aus diesem Grund hatte ich es vermieden, die verkehrsreiche Kreuzung, die einmal von einer häßlichen Betonwand versperrt gewesen war, zu überqueren.

Bei »Fink«, dem vorwiegend wegen seiner Gulaschsuppe bekannten Eß- und Trinklokal im Westteil der Stadt – in meiner Jugend einer der Treffpunkte der Jerusalemer Boheme –, erzählte mir die deutsche Zeitschriftenredakteurin begeistert von der Schönheit des Tempelbergs, und ich nickte dazu. Zuvor hatte ich die Bilder von Jossel Bergner betrachtet, eines großen, in Warschau geborenen Malers, der vor fünfzig Jahren aus Australien nach Israel einwanderte und mir auf jiddisch, von englischen und hebräischen Brocken durchsetzt, erklärte, daß Jerusalem »kein Ort ist, an dem man leben kann, denn Jerusalem ist eine Idee. In einer Idee lebt man nicht. Hier (in Tel Aviv) gibt es keinerlei Idee, deswegen kann man einfach drauflos leben«.

Die herrlichsten Nächte seines Lebens durchzechte Jossel Bergner mit der Jerusalemer Clique bei »Fink«, und es kam vor, daß er für den Wodka mit seinen großartigen Gemälden zahlte. Dort hängen sie jetzt im rötlich sanften Licht der schwachen Barbeleuchtung. Ich betrachtete zuerst sie und dann die weiße Tischdecke. Vielleicht lag es am Wein, daß ich plötzlich meine eigene Stimme vernahm, die bekannte, ich selbst sei noch nie auf dem Tempelberg gewesen. »Da müssen Sie unbedingt hin«, bestürmten mich der Photograph und die Redakteurin ungläubig. Und so kam es – wie und warum genau, das werde ich nie wissen –, daß die Redakteurin einer deutschen Zeitschrift und der Photograph, der sie begleitete, mich an einem winterlichen Februarmorgen morgens um sieben zu einem Besuch auf dem Tempelberg mitnahmen, achtundzwanzig Jahre, nachdem sich die Mauer für mich geöffnet hatte.

In der frostigen Kälte eines Februarmorgens löst sich das bedrohliche Jerusalem-Syndrom in Luft auf, aber ich treffe trotzdem eher verängstigt im »American Colony« ein, im fremden Land. Vor Jahren hatte ich mir gelobt, es nie wieder zu betreten; jetzt bin ich betroffen von der noch gut erinnerten Schönheit des Gartens und von dem Gefühl, zurückzukehren, das mich jählings überflutet.

Pünktlich zur verabredeten Zeit machen wir uns zu Fuß auf den Weg zum Tempelberg. Ich bemühe mich, meiner Angst Herr zu werden. Auf der Hauptstraße stehen noch Pfützen vom nächtlichen Regen. Wir schreiten rasch aus, begegnen arabischen Kindern in Schuluniformen. Die ersten Läden werden geöffnet. Auch auf dieser Seite der Stadt, nicht weit von meinem Wohnviertel entfernt, spielt sich normales Leben ab, das hatte ich ganz vergessen. Noch niemals war ich hier frühmorgens an einem Alltag gewesen, wenn Kinder auf regennassen Straßen zur Schule hasten.

Ich passe mich den Schritten der Deutschen an und bin mir sicher, daß wir in Kürze einen Berg erklimmen müssen.

Mein Herz klopft, als wir auf dem Markt der Altstadt stehen. Das hatte ich mir seit acht Jahren versagt. In der Frühe sind die Gerüche besonders eindringlich. Sie schlagen mir entgegen, und ich entbrenne vor Sehnsucht nach einem mit Koriander und Baklawa gewürzten Leben, nach dem mittelmeerischen Flair, dem zur Zeit auf Dutzenden von Kongressen und Symposien nachgestellt wird. Zaghaft frage ich, wann es an den Aufstieg geht, und ernte erstaunte Blicke. Die beiden brechen in Lachen aus. »Wir sind schon da. Es ist am Ende des Marktes, kein wirklicher Berg«, erklärt mir die Redakteurin amüsiert und geduldig, als wäre sie von hier und ich die bezauberte Touristin. Dabei hatte ich mir bergigen Jerusalemer Boden vorgestellt, getränkt vom Blut, das einst in Bächen herabfloß.

Wir stehen, wie in einem Märchen, vor einer grünen Eisentür. Ich wußte gar nicht mehr, daß in dieser Stadt jede Tür den Blick in eine andere, hinter Steinmauern und eisernen Toren verborgene Welt freigibt. Durch diese Tür gelangt man zum Tempelberg, wird mir erklärt. Ich kann es kaum glauben, drehe mich, als wir hindurchgestiegen sind, verwundert nach der schmalen Öffnung um, atme den Modergeruch der Mauern, versuche Ordnung in die rasenden Assoziationen zu bringen, die mich ganz schwindlig machen. Die Deutschen sprechen mit einem Polizisten, zeigen Ausweise vor, wechseln einige Worte, und ich muß hier, zwischen den dicken, Feuchtigkeit und strengen Uringeruch absondernden Wänden, an Nicolai Gogol denken und folge dann rasch meinen Begleitern, denen inzwischen der Zutritt gestattet wurde, zum ebenfalls eisernen zweiten Tor. Die Öffnung ist eng, sogar ein mittelgroßer Mensch muß sich bücken, um hindurchzukommen.

Der Anblick überwältigt mich. Der riesige weite Platz leuchtet, bleiches, schräg einfallendes Wintermorgenlicht überflutet den wie ein schimmernder See vor uns liegenden Steinboden. Hier und dort sprießen zwischen den Fliesen grüne Halme hervor. Das weiß-gräuliche Pflaster glänzt wie freigelegtes Riesengebein. Mächtig und majestätisch erhebt sich die Natur vor dem bläulich-grauen Horizont. Kein Abfall, kein Dreck, überall blitzende Sauberkeit. Erleichtert nehme ich wahr, daß die Felsendom-Moschee in der riesigen leeren Fläche angesichts des atemberaubenden Blicks klein wirkt, wie ein vereinzelter, in einem überdimensionalen Kiefer steckender Zahn. Fast überflüssig. Zufällig vorhanden wie wir und wie der japanische Tourist, der zwanghaft penibel alles photographiert und damit das Rollenstereotyp des Touristen unserer Tage erfüllt.

Eine lange Stunde stehe ich da, in der fast schmerzenden Kälte. Wir brauchen die Moschee nicht zu betreten. Der Blick in die Landschaft ist mehr als genug. Wäre es doch nur ein fremder Ort, in einem anderen Teil der Welt, an jedem anderen Ort. Wäre er doch nur nicht mit allen Greueln verbunden, derer lebende Menschen fähig sind. Aber das ist der Blick, der sich vor uns ausbreitet; er offenbart sich auch von anderen beladenen Stätten aus, am Saum zwischen den beiden Teilen der Stadt. Gleichgültigkeit ist ihm gegenüber nicht möglich. Wohl möchte man zuweilen den Ort anstelle der Menschen hassen und seine lähmende Gegenwart beschuldigen, seiner offenbaren Schönheit eine verborgene dunkle, unheilbringende Seite zuschreiben – und nicht der menschlichen Natur, die sich ihrer zum Entfachen von Ekstasen bedient. Denn es gibt eine Schönheit, die der Betrachter als katastrophenträchtig erkennt, die von Menschen mißbraucht werden kann, um Gelüste nach Aufstand und Tod zu entzünden. Durch ihre Nähe zum Abscheulichen wird sie sogar noch schöner.

Wie im Alptraum verlasse ich diesen Ort, folge den beiden hinaus und kann mich erst wieder beruhigen, als wir die engen Marktgassen hinter uns gelassen haben und die Hauptstraße Ostjerusalems erreichen. Hier, auf der Salach-al-Din, warten in einer langen Schlange lauter Leute, die israelische Personalausweise bereithalten. Ohne zu fragen, weiß ich, daß es arabisch-israelische Staatsbürger sind, die aus irgendeinem Grund von den Behörden kontrolliert werden. Die Redakteurin fragt einen der Männer, was die Aufreihung zu bedeuten hat. Er mustert uns drei. »Fragt die doch«, sagt er zu den beiden Deutschen und zeigt auf mich. Wie schuldbewußt senke ich den Kopf. Die beiden anderen sind fassungslos. »Woher weiß er, daß Sie Israelin sind?« Darauf habe ich keine Antwort. »Sie sind gekleidet wie wir, Sie sprechen englisch, wir sind doch äußerlich gar nicht zu unterscheiden.« Die Redakteurin läßt nicht locker. Natürlich erkennt er mich. Natürlich

Abb. 38: Ende der Mamillastraße

DANGER! خطر סכנה!
עצור-הגבול לפניך
قف الحدود امامك
STOP-FRONTIER AHEAD

weiß hier jeder, wohin der andere gehört. »Man sieht es weder an der Kleidung noch am Gesicht«, behaupten die beiden Touristen. »Woran, welches sind die Zeichen?« Sie wollen es genau wissen. Ich suche nach einer Analogie, Minderheiten in Deutschland beispielsweise, muß Bilder von deutschen Juden, von damals, beiseite schieben, spreche zögernd von den Gastarbeitern unserer Tage. Aber die beiden beharren darauf, daß sie einen Türken ohne äußere Merkmale nicht auf Anhieb zu identifizieren wüßten.

»Wenn es um Leben und Tod geht, dann erkennt man sich«, sage ich schließlich. Wer tagein tagaus hier lebt, muß es einfach auf Anhieb spüren. Muß jederzeit auf der Hut sein. Muß unterschwellig stets und überall mit allem, auch dem Schlimmsten, rechnen. Tut gut daran, Stunde um Stunde dem sprungbereiten, aus den gelblich-grauen Steinen raunenden Unheil zu lauschen. Aber vielleicht versteht sich nur der verbliebene Rest, der Nachwuchs Geretteter, solchermaßen auf die Kunst des Überlebens.

Jerusalemer Harmonie

Im Jahr 1998, an den Zwischenfeiertagen des Laubhüttenfestes, zu Beginn des Herbstes, auf dem Höhepunkt der jüdischen Feiertage, »den großen Feiertagen der hebräischen Herrschaften« heißt es bei Agnon (er legt diese Formulierung einem deutschen Hausmädchen in der Erzählung *Fernheim* in den Mund), traf ich mich mit May Jayussei in einem neuen Café, »Foujon« genannt, das kürzlich an einer belebten Kreuzung am Rand des Talbieh-Viertels eröffnet wurde. Zum Wiedersehen gesellt sich noch eine besondere Freude: Der Ehemann von May, Taufik Abu-Rachmo, ist einer der Besitzer des Foujon. Drei Jahre Planung, Erwartung und Behinderung durch die Bürokratie sind der Eröffnung vorausgegangen. Die Verzögerung geht auf die besondere Situation des »Bet David« zurück, des Hauses, in dem das Café untergebracht ist. Taufik Abu-Rachmo verbirgt seinen Stolz nicht, als er mich auf die drei verschiedenen Ebenen innerhalb des Café-Bar-Restaurants hinweist, auf die riesigen Glasfenster, durch die man die Kreuzung Keren Hajesod/Jabotinski sieht, auf die gut sortierte Bar, sechs Wodka- und zehn Whisky-Sorten stehen zur Wahl, auf die Holztische und Bänke der gefliesten Terrasse genau gegenüber vom »Gan Hapa'amon«, dem Glockenpark, und dem Gästehaus »Mischkenot Scha'ananim« im Jemin-Mosche-Viertel.

May und ich setzen uns auf die Terrasse, damit wir die Laubhütte vor dem benachbarten japanisch-thailändischen Restaurant begucken können. Neben der Tür prangt unübersehbar ein Kaschrut-Zertifikat. Beide, die Laubhütte und die Urkunde, sind dazu angetan, die religiösen Gäste des feinen Laromme-Hotels auf der anderen Straßenseite anzulocken. Die religiösen Touristen, zumeist amerikanische Juden, sind anscheinend das moderne Gegenstück der antiken Wallfahrer, die eine Mizwa, ein religiöses Gebot, erfüllten, wenn sie dreimal jährlich zu Ehren der drei Wallfahrtsfeste Sukkot, Pessach und Schawuot, dem Fest des Thora-Empfangs, zu Fuß nach Jerusalem hinaufzogen. Die heutigen jüdischen Pilger wandeln festlich gekleidet in aller Gemütsruhe am Café vorüber, die Frauen mit platinfarbenen Perücken oder eleganten samtenen Kopfbedeckungen, die bärtigen Männer in dunklen Hüten und Anzügen, kleine Mädchen in langen Kleidern mit Spitzenkragen, weißen Strümpfen und schwarzen Lackschuhen.

Angesichts der Laubhütten vor den meisten Restaurants möchte man meinen, daß sich noch nie zuvor so viele jüdische Touristen in Jerusalem eingefunden haben. Und angesichts der hochmütigen Gelassenheit, mit der eine Familie nach der anderen vorbeischlendert – eine Frau in einer rötlichen Lockenperücke, unter der sie der religiösen Vorschrift gemäß ihr eigenes Haar verbirgt, inspiziert die Sukka des japanisch-thailändischen Restaurants und winkt ihre fünf Kinder heran, damit sie sich die von der Decke baumelnden lila Granatäpfel aus Papier ansehen –, sinnt der Betrachter über die scheinbar täglich zunehmende, aufdringliche Präsenz der jüdischen Religiosität und ihrer Vertreter in Jerusalem nach; säkulare Einwohner warnen unaufhörlich vor der »Charedisierung« der Stadt, sehen für die Zukunft schwarz (schwarz kleiden sich die religiösen jüdischen Männer) und wandern in neue Gemeinschaftssiedlungen ab, deren rasanter Ausbau zum großen Teil für die wöchentlich wachsenden Steinwüsten vor Jerusalems Toren verantwortlich ist. Es sieht aus, als hätte der Kulturkampf, der heutzutage zwischen religiösen und säkularen Juden tobt, bisher ungekannte Dimensionen angenommen – und in Jerusalem, wo der Stadtrat seit den letzten Wahlen von einer religiösen Mehrheit beherrscht wird, machen sich alle Phänomene extremer bemerkbar als anderswo.

Seffi Elon, ein Jerusalemer Rechtsanwalt, der im fünften Stock des Bet David praktiziert, in dessen Erdgeschoss das »Foujon« gerade seine Pforten geöffnet hat, kommt an unseren Tisch und klopft Taufik gratulierend auf die Schulter; als ich mich kritisch zu den Laubhütten und dem demonstrativen Festgebaren äußere, erinnert er mich daran, daß bis 1967 alle Jerusalemer Vergnügungsstätten am Schabbat geschlossen waren und daß hier nie zuvor soviel säkulares Leben möglich war wie heute; in bestimmten Gegenden sind sogar am Vorabend des Schabbat Nachtclubs, Diskotheken, Bars und Kinos geöffnet und überfüllt. Aber das neue »Foujon« mit seiner vegetarischen Speisekarte und seinem arabischen Mitbesitzer schließt am Freitagabend, damit es das Kaschrut-Zertifikat nicht verliert. Würde dem »Foujon« das Zertifikat entzogen, träfe das gleiche Geschick auch das neben ihm liegende italienische Restaurant, das Avi Elkajam, dem zweiten Inhaber des »Foujon«, gehört.

Der Name »Foujon« enthält eine Anspielung auf die vielseitige Speisekarte, die die Partner zusammengestellt haben; es gibt neben einer Suschi-Auswahl und kurzgebratenem Gemüse mit Tofuwürfeln arabische und bulgarische Salate, gesalzenen Weißkäse sowie Auberginengerichte aus der Mittelmeerküche. Ganz absichtslos erhielt sogar die Karte metaphorische Bedeutung. Hinter dem Namen des Cafés und hinter der mit Bedacht internationalen Speisen- und Getränkeauswahl verbirgt sich der Wunsch, politische Grenzen aufzuheben und eine liberale Idee zu verwirklichen, ein modernes, urbanes Lokal zu kreieren, das allen Menschen vorurteilslos offensteht.

Die gemischte Speisekarte des »Foujon« geht auf eine Teilhaberschaft eigener Art zurück, wie sie kein anderes Jerusalemer Restaurant aufweisen kann: die Partnerschaft zwischen einem Juden und einem Araber, zwischen Avi Elkajam, einem jüdischen Geschäftsmann, und Taufik Abu-Rachmo, einem israelisch-arabischen Geschäftsmann aus Schefaram. (Das galiläische Dorf Schefaram liegt innerhalb der israelischen Grenzen von 1948. Die arabischen Einwohner sind israelische Bürger, die sowohl israelische Personalausweise und Pässe als auch das aktive und passive Wahlrecht besitzen und deren Kinder Schulen besuchen, die unter Aufsicht des israelischen Erziehungswesens stehen; sie kennen sich also in der neuen israelischen Lyrik, im Tanach und den jüdischen Feiertagen aus, sprechen sehr gut hebräisch und sind ein Leben lang zwischen ihrer israelischen und ihrer palästinensisch-arabischen Identität hin- und hergerissen. Sowohl das Gesetz als auch die Umgangssprache unterscheiden zwischen »israelischen Arabern«, die innerhalb der Staatsgrenzen von 1948 leben, und »Palästinensern«, die mit der Gründung des israelischen Staates ins Westjordanland flohen und in den 1967 von Israel eroberten Gebieten leben.)

Avi Elkajam, der jüdische Mitinhaber des »Foujon«, führt seit etlichen Jahren das Restaurant »Little Italy«, das ebenfalls im Erdgeschoß des Bet David liegt. Dennoch betrachtet er die Eröffnung des neuen Cafés neben seinem Restaurant als besonderen Erfolg, nicht zuletzt wegen der Partnerschaft mit Taufik. Avi Elkajam, der junge Geschäftsmann mit Weitblick, sieht allerdings nicht in erster Linie den politischen Aspekt. Taufik Abu-Rachmo ist sein Freund und Partner, und daß dieser Freund Araber ist, hat für Avi Elkajam nur insofern Bedeutung, als Taufik gute Kontakte zu den palästinensischen Besitzern des Bet David unterhält, denn sie haben ihm die Verwaltung des gesamten Gebäudes anvertraut.

Das Bet David (arabisch Bet Daoud) gehört der arabischen Familie Daoud, deren Angehörige bereits Ende des 19. Jahrhunderts aus dem damaligen Palästina nach Südamerika auswanderten, wo sie bis heute leben; sie ließen in Jerusalem Immobilien zurück, deren Eigentümer sie nach wie vor sind. Taufik Abu-Rachmo verwaltet diesen Besitz und sorgt für seine Instandhaltung.

Viele der schönen alten Bauwerke in Westjerusalem gehören nicht-jüdischen Körperschaften. Die Eigentümerin der Gebäude am Russenplatz im Stadtzentrum zum Beispiel, unter denen sich, wie erwähnt, das Polizeihauptquartier befindet und zu denen ebenfalls ein von Prinz Sergei

Abb. 39: Blick über Jerusalem

erbauter, heute an die Naturschutzgesellschaft verpachteter Palast gehört, ist die russisch-orthodoxe Kirche; das Haus des Schriftstellers, Historikers und Denkers Eduard Said hat eine christlich-zionistische Sekte erworben; einige, zu wenige, blieben Eigentum ihrer ursprünglichen arabischen Besitzer.

Dem israelischen »Gesetz über verlassene Güter« aus dem Jahre 1949 zufolge verloren die arabischen Einwohner von Palästina-Erez Israel ihre Immobilien, wenn sie das Land während des Befreiungskriegs von 1948 als Flüchtlinge verließen. Da die Mitglieder der Familie Daoud zum Zeitpunkt der Staatsgründung südamerikanische Pässe besaßen und somit nicht als Flüchtlinge galten, verblieben das Bet David und weitere Immobilien in ihrem Besitz. Demzufolge darf auch das Bet David als eine Art Metapher betrachtet werden; es symbolisiert einen Sachverhalt, den viele Jerusalemer Israelis am liebsten bestreiten und auslöschen möchten, um ihr Gewissen zu beruhigen: Es steht für die gesetzliche Anwesenheit von Arabern, die zur Zeit des britischen Mandats noch palästinensische Pässe besaßen, und sie sind tatsächlich da, in Talbieh, im Herzen der Weststadt, direkt vor unserer Tür.

Die Partnerschaft von Avi Elkajam, dem israelischen Juden, und Taufik Abu Rachmo, dem israelischen Araber, zeigt, daß in dieser Stadt eine so ungewöhnliche Beziehung ohne Bitternis, Unterdrückung und Zorn möglich ist, obwohl ein Teil ihrer Gebäude von Israelis in Besitz genommen wurde, als hätten sie vorher niemandem gehört.

Taufik Abu Rachmo scheint unter seiner doppelten Identität als israelischer Araber nicht besonders zu leiden; er betrachtet die beiden nationalen Pole, innerhalb derer sich seine Persönlichkeit entfaltete, mit ironischem Humor und wischt den tragischen Aspekt einer solchen Polarisierung beiseite. Insofern erinnert mich Taufik an europäische Juden aus den Romanen des späten 19. und des beginnenden 20. Jahrhunderts, die zu Hause Juden waren und nach außen Deutsche, Engländer oder Franzosen.

Taufik ist mit May Jayussei verheiratet, der Tochter eines palästinensischen Paares, das im Winter 1948 aus Jerusalem floh. May und ihre Schwester Lina wurden in Amman geboren und zogen dann, da ihr Vater Diplomat war, durch die Welt. Ihre Schulbildung erhielten sie in Kuwait, Damaskus, Beirut, hauptsächlich aber in London. Lina erwarb ihren Soziologie-Doktortitel an der Universität Manchester, heiratete einen Engländer und lebte mit ihm lange in den Vereinigten Staaten, bevor sie vor zwei Jahren nach Jerusalem zurückkehrte; obwohl sie nicht hier geboren ist, spricht sie von ihrer Heimkehr. May lebte fünfzehn Jahre in London und kam wegen ihrer Liebe zu Taufik in die Heimat ihrer Mutter zurück. Sie trafen sich Anfang der achtziger Jahre in London, und Taufik brachte sie nach Jerusalem. Hier wurden ihre beiden Kinder geboren, die im westlichen Teil der Stadt, in der Propheten-Straße, die anglikanische Schule besuchen.

Taufik und May zogen vor einigen Monaten von Bet Chanina, einem arabischen Vorort Jerusalems, nach Ramat Scharett, einem neuen Wohnviertel im jüdischen Westteil, das ganz in der Nähe meines Viertels liegt, und wohnen nun seelenruhig unter Juden (»Ich komme nicht dazu, mich mit den Nachbarn zu unterhalten«, erklärte mir May, die kein Hebräisch spricht, »und an mich hat sich auch noch niemand gewandt.«). Als ich Taufik absichtlich provokativ nach seiner Identität frage: »Was bist du mehr? Araber oder Israeli?«, lacht er. In den Winkeln seiner braunen Augen erscheinen winzige Fältchen, und die große Nase zieht sich zusammen. Auch May, obwohl, wie gesagt, des Hebräischen unkundig – wir sprechen englisch miteinander –, lacht und zupft an ihrem Tuch. Aber ihre dunklen, vom schwarzen Pony fast verdeckten Augen lachen kein bißchen. Anstatt direkt zu antworten, erzählt Taufik in reinstem Hebräisch von fünfunddreißig in Jerusalem verbrachten Jahren, von seiner Studentenzeit an der Hebräischen Universität in Giv'at Ram, vom ersten arabischen Verlag in Israel, den er 1970 gründete und in dem er monatlich vier Bücher herausbrachte, die sich in den arabischen Ländern großer Beliebtheit erfreuten, darunter auch ein Lyrikband des irakischen Protestdichters Mudjafar Al-Navav mit siebzigtausend verkauften Exemplaren. Ausgelassen geben Taufik Abu-Rachmo und Seffi Elon die Metamorphosen des sechsstöckigen Bet David zum besten; ihre Heiterkeit paßt zum lebensfrohen Flair des Cafés, an dessen Tischen man Intellektuelle und Ideologen findet, palästinensische Persönlichkeiten, israelische Jugendliche, die über die zahlreichen Suschi-Varianten – dies Gericht ist seit einiger Zeit sehr in Mode – in Begeisterung geraten, jüdische und arabische Geisteswissenschaftler vom Van-Leer-Institut. May Jayussei leitet das palästinensische Institut für Demokratieforschung »Muatan«, und ihre Schwester, die Soziologin Lina Jayussei, hat an der Studie »Europa und der Mittlere Osten – interkulturelle Schlüsselbegriffe« mitgearbeitet.

Zu uns gesellt sich der Knessetabgeordnete Asmi Bishara, Doktor der Philosophie und am Van-Leer-Institut beschäftigt, bis seine politische Laufbahn ihn zwang, diese Position aufzugeben. Er ist erst gestern von einem seiner »Sprünge« nach Damaskus zurückgekehrt, wo er mit dem syrischen Präsidenten Assad im Versuch, die Verhandlungen zwischen Israel und Syrien wieder in Gang zu bringen, zusammentraf. Auch Seffi Elon, Sohn einer der wohlhabendsten und bekanntesten jüdischen Familien Jerusalems, der politisch gewiß nicht zur Linken zählt, setzt sich dazu und witzelt mit Taufik, während Studenten der Kinoakademie uns bedienen. Taufik, Seffi Elon und Asmi Bishara lassen die Geschichte des Bet David vor uns abrollen. Es wurde in den 30er Jahren dieses Jahrhunderts während des englischen Mandats gebaut (der Legende zufolge soll die jüdische Untergrundorganisation »Ezel«, als sie 1946 plante, das »King David«-Hotel in die Luft zu sprengen, das gleiche Schicksal für das Bet David vorgesehen haben, das damals Bet Daoud hieß und wie das King

Abb. 40: Steintreppe im Jemin-Mosche-Viertel

David die Spitze der britischen Mandatsverwaltung beherbergte). Einer unterbricht den anderen, um etwas zu ergänzen, die Atmosphäre ist freundschaftlich ungezwungen, hier und dort mit schwarzem Humor gewürzt.

Wir alle leben tagtäglich im Bewußtsein, daß es mit dem Friedensprozeß bergab geht; über uns allen hängt die Drohung jederzeit möglicher Attentate, wir alle stehen in irgendeiner Beziehung zu den Opfern – jeder auf seiner Seite; unter der Oberfläche nagen an jedem von uns enttäuschte Erwartungen und bittere Befürchtungen, darüber wird jedoch hier am Tisch kaum ein Wort verloren. Am Eingang fragte mich May Jayussei mit der Anteilnahme einer Freundin, wie es meinen Söhnen ginge. Sie sind jetzt beide in der Armee, und May weiß, daß ich immerzu um sie bange. Besorgt faßten wir unsere Übereinstimmung in dem Satz zusammen: »Es sieht nicht gut aus, aber es wird noch schlimmer kommen«, ließen uns am großen runden Tisch nieder und wußten, daß dieses Thema heute nicht mehr berührt würde.

Geistesabwesend lausche ich Asmi Bisharas Geschichten aus Damaskus und sehe durch die großen Fenster hinaus auf die Kreuzung der Straßen Jabotinski und Keren Hajesod. Hier steht das zweiflügelige, im Bauhaus-Stil gehaltene, imposante Bet David mit seiner zum Südosten hin abgerundeten Front wie ein Vorposten zwischen den Jerusalemer Wohnvierteln und der gegenüberliegenden Wüste.

Von der Caféterrasse aus sieht man die Flügel der Windmühle von Jemin Mosche. Jemin Mosche wurde 1860 auf

Initiative von Mosche Montefiori als erstes Wohnviertel für Juden außerhalb der Altstadt errichtet. Der so einflußreiche wie weitsichtige englische Philantroph hoffte, den hinter Mauern zusammengepferchten Juden das Leben zu erleichtern. Die Bauweise im neuen Viertel ähnelt mit ihren Gassen, Steintreppen und Vorhöfen der Architektur der Altstadt; Anlagen in Form winziger Städte sollten ihren Bewohnern ein müheloses Befolgen der jüdischen Religionsgesetze erlauben. In einem Pavillon neben der Windmühle ist die Kutsche ausgestellt, in der Montefiori das Land bereiste.

Der Blick aus Seffi Elons Büro im fünften Stock ist mit Bedeutung befrachtet und dazu einer der schönsten, die Jerusalem zu bieten hat. Links liegt Jemin Mosche mit seinen malerischen Häusern im arabischen Stil und Dutzenden von Stiegengassen, dahinter erhebt sich der Berg Zion. Vom Dach aus kann man sehen, was sich hinter dem Zionsberg verbirgt: das Tal Gehinnom und Abu Tor, dahinter die Judäischen Berge mit der Festung Herodion und dem arabischen Städtchen Bethlehem, und ganz in der Ferne ragt der Edom-Höhenzug auf.

Seffi Elon weist auf die ineinander übergehenden Landschaftsbilder hin und seufzt, bevor er eingesteht, daß dies für ihn der schönste Blick der Welt ist; wegen dieses Blicks hat er sein Büro im Bet David eingerichtet; dieser Blick bindet ihn an Jerusalem, und seinetwegen kann er sich nicht vorstellen, für längere Zeit woanders zu leben, obwohl auch ihm manchmal etwas vorschwebt, das er »ein

Leben in einer normalen Stadt wie Paris oder sogar Tel Aviv, sagen wir mal« nennt. Seffi Elon weiß jedoch sehr wohl und spricht auch unumwunden aus, was etliche Jerusalemer von sich wissen, nämlich, daß er »vom Jerusalemer Gift infiziert« ist, was bedeutet, daß es für ihn keinen anderen Ort gibt, an dem er leben und sich zu Hause fühlen kann.

Seffi, der zweite Sohn der Familie Elon, wurde, wie seine drei Brüder und seine Schwester, in Jerusalem geboren, wo die Familie seiner Mutter seit sieben Generationen ansässig ist. Er wuchs in Rechavia auf, in einem von seinem Großvater mütterlicherseits erbauten Haus. Der Blick vom Bet David ist das völlige Gegenteil der humanistischen Idee, die Rechavias Erbauer zu verwirklichen trachteten. Das Viertel, in dem Seffi Elon seine Kindheit verbrachte, ist im nüchternen Bauhaus-Stil gehalten. Die Straßenzüge formen einen menschlichen Körper nach, wobei das »Hebräische Gymnasium« in der Keren-Hajesod-Straße den Kopf darstellt. Außer der Keren Hajesod an der oberen Grenze tragen fast alle Straßen die Namen früher hebräischer Dichter. Menachem Ussischkin, einer der ersten Zionistenführer, schraubte eigenhändig das Schild mit der Aufschrift »Schmuel Hanagid« ab (Schmuel Hanagid war einer der großen hebräischen Dichter im mittelalterlichen Spanien) und brachte statt dessen ein Schild mit seinem eigenen Namen an; seitdem hat der auf seine Ehre pochende Zionismus einen Platz unter den ehrwürdigen alten Poeten.

In der Chronik der verschiedenen Generationen und Zweige der Familie Elons und ihrer jetzt erwachsenen fünf Kinder tauchen die wichtigsten Kapitel aus der Geschichte der Jerusalemer Juden auf. Die Eltern des Vaters Menachem Elons, der 1932 in Düsseldorf zur Welt kam, stammen ursprünglich von einer chassidischen Familie aus Galizien ab. 1933 flohen sie über Holland nach Tel Aviv, wo sie 1935 eintrafen und sich vom Einzelhandel recht kümmerlich ernährten. Ein Jahr nach ihrer Ankunft schickten sie den kleinen Menachem-Peter nach Jerusalem auf die am Rande Meah Schearims gelegene Hebron-Jeschiwa, wo er die nächsten zehn Jahre verbrachte und sich als Wunder an Gelehrsamkeit hervortat. Ganz, ganz allmählich wurde Menachem Elon, der Jeschiwa-Schüler, dessen besorgter Vater sich ab und zu vergewisserte, daß sein Sohn zumindest einige Nächte schlafend und nicht lernend zubrachte, vom Virus des Zionismus angesteckt. Schon in einer frühen Phase erkor sich Menachem den im Entstehen begriffenen jüdischen Staat zum Ideal. Seine Vision beschrieb er zum ersten Mal in einem Artikel für die Zeitschrift der religiösen Jugend, in dem er erklärte, er halte es für das beste, dem Rechtswesen des neuen Staates die antike hebräische Rechtsprechung zugrunde zu legen. Wegen seiner zionistischen Neigungen legte er die Reifeprüfung in englischer Sprache ab und besuchte anschließend eine Rechts- und Wirtschaftsakademie.

Während des Befreiungskrieges fungierte er als Militärankläger und lernte seine Frau Ruth kennen, deren Familie seit sieben Generationen im Lande ansässig war; Ruths Vorfahren, sowohl väterlicher- als auch mütterlicherseits, ließen sich im 17. Jahrhundert in Erez Israel, in Hebron und in der Jerusalemer Altstadt nieder. Von daher ist es nicht weiter verwunderlich, daß Seffi und seine Brüder ihren Anspruch auf Jerusalem nicht in Frage stellen. Die dreißig Jahre, die ich selbst hier verbracht habe, sind für sie nicht viel mehr als ein Besuch, zu kurz, um Wurzeln zu schlagen. Sie stellen mir prüfende Fragen, Seffi und Ari Elon, nach bestimmten Ausdrücken, die Alteingesessenheit beweisen. Seffi sitzt May und ihrer Schwester Lina ohne jedes Schuldgefühl gegenüber; er bedauert es, daß ihre Eltern die Flucht ergriffen, er ist für den Frieden; aber auf Jerusalem zu verzichten käme ihm nicht in den Sinn. Es ist seine Stadt, die Stadt seines Großvaters, und des Großvaters seines Großvaters, acht Generationen zurück.

Ruth und Menachem Elon wohnen in Rechavia, im Geburtshaus von Ruth Elon, in dem auch Seffi und seine Geschwister zur Welt kamen. Dieses Haus, ein kleines Anwesen an der Ecke der Straßen Ibn Schaprut und Abarbanel am Rande Rechavias, baute sich Ruths Vater Bela Buchsbaum, ein bekannter Jerusalemer Rechtsanwalt. Ruth wurde Englischlehrerin und bezeichnet sich selbst als frustrierte Pianistin.

Das Haus der Familie Elon ist mit seiner Geschichte, den drei Geschossen und dem Garten eines der Gebäude,

Abb. 41: Meah Schearim

an denen sich die fast surrealistische Kompliziertheit mancher alteingesessener Jerusalemer ablesen läßt. Obwohl der Rechtsanwalt Bela Buchsbaum, Seffis Großvater, ein charedischer Jude war – er vertrat unter anderem die »Neturei Karta«, die extremste charedische Gruppe in der Stadt –, bestand er darauf, sein Haus im neuen Viertel der Säkularen zu bauen, von denen viele zur intellektuellen Jerusalemer Elite zählten, die meisten von ihnen »Jekken«, Juden aus Deutschland, die Anfang der dreißiger Jahre hier eintrafen und zur kulturellen Entwicklung mehr als jede andere Landsmannschaft beitrugen. Hier lebten Gershom Scholem, der bekannteste Erforscher der Kaballa, der jüdischen Mystik, die Philosophen Samuel Hugo Bergmann und Martin Buber, der Schriftsteller Werner Kraft und viele andere mehr.

Die Ambivalenz Bela Buchsbaums, den Seffi als jemanden beschreibt, der von Natur aus eigentlich Bohemien und kommunistischer Revolutionär war, sich aber die charedische Disziplin auferlegte, findet im Standort seines Hauses Ausdruck: Er errichtete das Heim für seine Familie in Rechavia, und eben nicht in Meah Schearim. Sein Haus war eines der ersten hier. Als religiöser Jude stellte er es allerdings nicht mitten ins säkulare Viertel, sondern an den Rand, an die Grenze zum religiösen Viertel Scha'arei Chesed. So wird die Ambivalenz des Großvaters in Sachen Religion auch daran spürbar, daß sein Haus zwei Eingänge besitzt, man kann es sowohl von Rechavia als auch von Scha'arei Chesed aus betreten.

Neben der Familie Elon wohnte im ersten Stock der Rabbiner Majbin, ein großer Thoragelehrter, zu dem Anhänger pilgerten, um seine Schriftauslegungen zu hören und sich Rat zu holen. In der Wohnung des Rabbiners Majbin befand sich eine Synagoge, und im Keller, wo sich Menachem Elon, Seffis Vater, später ein Büro einrichtete, stieg man in die Mikwe, das rituelle Tauchbad. Zwei Nummern weiter, in der Ibn Schaprut 14, lag die als »Rotes Haus« bekannte Festung der Jerusalemer Sozialisten. Hier lebte der aus Rußland stammende Ingenieur Rabinowitz (ein enger Freund Trotzkis), in dessen Wohnung Berl Katznelson verstarb, der immer noch in Ehren gehaltene geistige Vater der hebräischen Arbeiterbewegung.

Buchsbaums Kinder, die Geschwister von Ruth Elon, leben bis auf den heutigen Tag in den drei Geschossen des Familienbesitzes. Im ersten Stock wohnen Seffis Eltern, Ruth und Menachem Elon. Das gleich neben dem Eingang gelegene Arbeitszimmer des Jura-Professors Menachem Elon, ehemaliger Richter am Obersten Gerichtshof und weltweit renommierte Autorität für Hebräisches Recht, war früher das Kinderzimmer, in dem Seffi und seine Geschwister aufwuchsen. An den Wänden des großen Wohnzimmers von Ruth und Menachem Elon hängen Familienphotos und halten verschiedene Wachstumsstadien ihrer fünf Kinder und Dutzender Enkel fest. Im zweiten Stock

Abb. 42: Mr. Menachem Elon vor seinem Haus in Rechavia

wohnt Ruth Elons Bruder, ein überzeugter Charedi, im dritten Stock eine Schwester ihrer Mutter.

Seffi Elon kam im Jahre 1954 zur Welt und erhielt, wie sein älterer Bruder Ari und wie seine jüngeren Brüder, der Knessetabgeordnete Benni Elon und der Rabbiner Mordechai Elon, die erste Schulbildung in Jerusalem. Mit vierzehn wurde er auf ein religiöses Internat in Pardes Channa (ein zwischen Tel Aviv und Haifa gelegener Ort) geschickt und blieb dort, bis man ihn im Alter von achtzehn Jahren in die Armee einzog.

Die Persönlichkeiten, Beschäftigungen und politischen Standpunkte der Elon-Brüder spiegeln in ihrer Vielfalt die ganze Spannbreite der von Israelis heutzutage vertretenen Anschauungen wider. Ari Elon, Seffis älterer Bruder, 1950 im Haus in Rechavia geboren, bezeichnet seine Familie als rabbinisch-orthodox; als Kind besuchte er eine religiöse Schule und verließ das Elternhaus für immer, als er als Vierzehnjähriger in die Pardes-Channa-Jeschiwa umzog, wie seine Brüder und »wie alle religiösen Zionisten, die damals zur Seite gedrängt wurden und nicht in Führungspositionen gelangten«. Die einzige Schwester, Talli, gibt Aerobic-Unterricht in »Kochav Ja'ir«, einer neuen Gemeinschaftssiedlung innerhalb der grünen Linie, jedoch in unmittelbarer Nähe der 1967 eroberten Gebiete, wo sich auch Ehud Barak, der Vorsitzende der Arbeiterpartei, niedergelassen hat. Die Oberstufe der Jeschiwa in Pardes Channa und ihre Schüler galten damals, von 1964 bis 1968, als Nährboden der religiös-nationalen »Gusch Emunim«-Bewegung, deren Anhänger die Siedlungstätigkeit in den besetzten Gebieten absegneten und somit die Ideologie der Rechten verwirklichten.

Eine spartanische Tagesordnung, intensives Lernen bis Mitternacht, ununterbrochene Anleitung und Beaufsichtigung rufen in unterschiedlichen Menschen unterschiedliche Reaktionen hervor, können sowohl zur Anpassung als auch zur Auflehnung führen. Ari Elon, der älteste Sohn von Ruth und Menachem Elon, Enkel des orthodoxen Rechtsanwaltes Bela Buchsbaum, erlebte während seines Studiums an der Jeschiwa etwas, das er als »Tod Gottes« bezeichnet. Ari, der Umstürzler, der Romantiker, der Thoragelehrte, ist in Israel eine bekannte Persönlichkeit; manche wollen in ihm sogar einen Guru sehen. Er vertritt einen extrem linken Standpunkt, der das Judentum und seine Quellen, in denen er sich auskennt wie die besten Talmudgelehrten, mit äußerst originellen, liberalen humanistischen Ideen verbindet; zum Teil hat er sie in seinem Buch *Diese Welt genügt* erläutert, ein auf seine Weise ganz besonderes Werk, das unter anderem biographische Fragmente, grundlegende Erfahrungen sowie Interpretationen talmudischer Legenden enthält. Seine Kindheit verlebte Ari Elon in der Ibn-Schaprut-Straße an der Grenze zum Viertel Scha'arei Chesed, genau wie sein jüngerer Bruder Seffi und wie Benni Elon, der Knessetabgeordnete der extrem-nationalen »Moledet«-Partei, einer der kompromißlosesten Führer von Gusch Emunim und Mitglied der Siedlung Bet-El in den besetzten Gebieten.

Am Schabbat wurden die Straßensperren (die in Vierteln mit vorwiegend religiösen Einwohnern den Autoverkehr unterbinden) direkt neben seinem Haus aufgestellt. Auf der einen Seite war das Fußballspielen erlaubt, auf der anderen streng verboten.

Samuel Hugo Bergmann, Gershom Scholem, Professor Pines, Akiva Ernst Simon, Jeschajahu Leibowitz und andere Geistesgrößen aus Rechavia pflegten sich in der Synagoge von Scha'arei Chesed, ganz in der Nähe des Hauses der Familie Buchsbaum, zum Gebet einzufinden. Der Kindergarten der Geschwister Elon lag in der Abarbanel-Straße, einer der Hauptstraßen des säkularen Rechavia. Ari bezeichnet seine Jerusalemer Kindheit zwischen dem frommen Scha'arei Chesed und dem aufgeklärten Rechavia als behütet; er erzählt vom kindlichen Wissen der Brüder um ihre doppelte Identität: »Wir wußten, daß wir nicht wie die Kinder aus Rechavia waren, die waren moderner als wir; aber wie die Kinder aus Scha'arei Chesed waren wir auch nicht, denn die trugen Schläfenlocken und spielten auf jiddisch.«

Die Großmutter der Elon-Geschwister wohnt am Ende der nahen Narkiss-Straße, am zur Stadt hin gelegenen Rand Rechavias, und verrichtet ihre Gebete in der Jeschurun-Synagoge. »Deshalb«, verrät mir Ari Elon mit vor Vergnügen blitzenden hellblauen Kinderaugen, »kann ich nicht in Jerusalem leben. Ich bin umstellt von Erinnerungen: Hier zum Beispiel«, er weist in eine von Rechavias Seitengassen, »wohnte meine zweite Freundin, die, mit der es ernst war... und hier bin ich vor jemandem weggelaufen ... dort am Denkmal haben wir unsere Kinderdebatten ausgetragen ... alles hat sich in diesen Straßen abgespielt ... hier sind wir am Schabbat entlanggegangen, um bei Großmutter Kugel zu essen«, er bezeichnet das Ende der Narkiss-Straße, »und hier haben wir Fußball gespielt« – wir sind am Gan Ha'atzma'ut, dem »Unabhängigkeitspark« an der King-George-Straße angelangt – »aber damals war hier noch kein Park.«

Ari ist vor zwei Monaten nach Israel zurückgekehrt, nachdem er sieben Jahre in Philadelphia Talmud, Midrasch und Judentum an einer Akademie für Rabbiner der Rekonstruktionsbewegung gelehrt hat, einer Bewegung, der die Orthodoxen noch mißtrauischer gegenüberstehen als jedem Institut der christlichen Kirchen. Obwohl Ari unbekümmert und geläufig von seiner persönlichen Krise spricht, die ihn zur Erkenntnis vom Tod Gottes führte und von dort zu extrem linker politischer Tätigkeit, will sein Weg dem Außenstehenden als Aufstand gegen die Eltern, den Großvater und die ihm seit seiner Geburt vorgeschriebene Bahn erscheinen. Jetzt, nach seiner Rückkehr, wohnt er außerhalb, in einer zwanzig Fahrtminuten entfernten Siedlung – von Schuld geplagt, daß er, wie er sich ausdrückt, »in Falästin wohnt und die Tunnelstraße benutzt«. Eigentlich lebt er schon seit Jahren nicht mehr in Jerusalem, macht hier nur auf der Durchreise Station oder kommt zu Besuch. Die Erinnerungen übermannen ihn, er will der Gefühlslast ausweichen, die ihm an jeder Ecke auflauert, oder, wie er selbst es formuliert, »ich kann den Gedanken nicht ertragen, daß Mutters Schlafzimmer dasselbe Zimmer ist, in das man mich brachte, in meiner Wiege, gleich nach der Geburt im alten Scha'are-Zedek-Krankenhaus.« Jedesmal, wenn er an seinem Elternhaus vorbeifährt, steigen Kindheitserinnerungen in ihm auf, wie jene von den beiden kleingewachsenen Männern, die in weißen Anzügen an der Autobushaltestelle standen, als er auf dem Weg zur Klavierstunde die Ramban-Straße in Richtung Ibn Schaprut überquerte; ein Autobus hielt, sein Vater Menachem stieg aus, begrüßte die beiden kleinen Herren und stellte ihnen seinen Sohn Ari vor, der nun erfuhr, daß der bärtige Herr Martin Buber war; der Herr mit Hut war Schmuel Josef Agnon.

Wie am Großvater, dem charedischen Kommunisten Bela Buchsbaum, so fällt auch an Ari die Ambivalenz auf, die er dem Haus, der Straße, dem Viertel entgegenbringt. Einerseits erinnert er sich mit unverhohlenem Stolz an seine Kindheit, andererseits rebelliert er gegen seine tiefe Bindung an diese Zeit. Erstaunlicherweise steht Ari trotz seiner extremen politischen Auffassung seinem Bruder Benni persönlich sehr nahe, der in der Siedlung Bet El wohnt und mit seinem ganzen Lebensstil einen Standpunkt vertritt, den Ari schärfstens ablehnt und sogar für Irrsinn hält. »Wenn ich Rat brauche, dann spreche ich mit Benni«, bekennt er und erwähnt auch die vernünftigen Ratschläge seiner Schwägerin Emuna Elon, die vor einigen Jahren als Beraterin des Ministerpräsidenten in Frauenfragen amtierte und jetzt ebenfalls eine zentrale

Rolle in der Gusch-Emunim-Bewegung spielt. Besonders nahe aber steht er dem Rabbiner und Jeschiwa-Vorsitzenden Mordechai Elon, dem Aris Einschätzung nach Theologie viel wichtiger ist als Politik. »Eigentlich«, stellt er sinnend fest, »steht Seffi mir am allernächsten, aber wir sind sowieso alle Vaters Verurteilte.«

Vielleicht nahm Seffi, der jüngere, wegen Aris großer Revolte die Rolle des älteren Bruders auf sich; er vertritt die ausgeglichene Mitte der Familie und entschied sich anscheinend, in die Fußstapfen des Vaters zu treten und Jura zu studieren. Ich finde Seffis Lebensstil wohltuend pragmatisch; soviel gesunden Menschenverstand zeigen nur wenige Bewohner Jerusalems. Seine Art, die jüdische Tradition zu pflegen – außer Ari halten alle Elon-Kinder den Schabbat ein und beachten die Kaschrut-Regeln, der Knessetabgeordnete Benni Elon und der Rabbiner Mordechai Elon sind sogar orthodoxer als die Eltern –, bezeichnet er als eine Art »Sport« (»ich sehe das sportlich, glaube prinzipiell nicht an eine Wahrheit, glaube an alles und nichts«); ähnlich unbestimmt äußert er sich auch über seinen politischen Standort »etwas links von der Mitte«. Dennoch fühlt er sich allen Brüdern fraglos verbunden, besonders Benni Elon, von dem er sagt: »Ich liebe ihn, aber er macht den Staat kaputt«, und dann läßt er sich auf eine ausführliche Erörterung über das gefährliche Charisma seines Bruders ein, der zu den militantesten Führern der israelischen Rechten gehört.

Als ich mich mit Seffi in Rechavia treffe, damit er mir

das Haus der Familie zeigen kann, trägt er Offiziersuniform. Man hat ihn vom Gericht weg dringend zum Reservedienst gerufen, zu Konsultationen über die Haftverlängerung von Palästinensern. Er berichtet mir von einigen Gerichtsverhandlungen gegen Araber, mit deren Ausgang die Militärbehörden nicht sonderlich zufrieden waren; seitdem wird er nur noch ganz selten in die Reserve beordert. Im Gegensatz zu Ari belasten ihn seine Kindheitserinnerungen nicht, er träumt vielmehr davon, in der Nähe seines Elternhauses drei kleine Wohnungen zu kaufen, die er mir auf dem Weg dorthin mit verhaltener Erregung zeigt.

Umgeben von leuchtenden Fuchsien stehen wir im Garten der Familie Elon neben der uralten Zypresse. Seffi spricht vom Verlust der Intimität seit 1967; die Neurose der Stadt macht ihm zu schaffen, des öfteren erwähnt er »die Schönheit in ihrer abstraktesten Form: die Wüste, die öden Berge, das Licht, alles das; aber andererseits«, er seufzt und setzt sich auf die steinerne Einfassung des Gartens, den seine Mutter pflegt, »ist das eine strenge, strafende Schönheit, sie hat nichts Wohltuendes, nichts Beruhigendes, Jerusalems Schönheit ist spannungsgeladen.« Während er von der Schönheit spricht, mustere ich die edlen Bauhaus-Villen Rechavias, die seit den letzten Jahren von charedischen amerikanischen Juden aufgekauft und restauriert werden. Aus der Ferne dringt das Echo eines lautstarken Streits um das Durchfahrtsrecht zu uns. In der Nebenstraße hupen zwei Streifenwagen. Warum mir gerade hier, im gepflegten Garten der Familie Elon im Schatten hoher, alter Bäume, in den Sinn kommt, was Josef Chaim Brenner über Jerusalem schrieb, ist mir rätselhaft.

Josef Chaim Brenner, Denker, Schriftsteller, Essayist und Herausgeber, eine Persönlichkeit von kompromißloser Geradlinigkeit, wurde 1921 während der Unruhen in Jaffa von Arabern ermordet. Bereits zu Lebzeiten sah man in ihm – gegen seinen Willen – einen Propheten und geistigen Führer; nach seinem gewaltsamen Tod umgab ihn eine Aura von Heiligkeit. Seine weitsichtigen gesellschaftlichen und nationalen Programme beunruhigten damals und beunruhigen noch heute jeden, der die seelische Kraft aufbringt, sie zu lesen. In *Von hier und von hier*, einer seiner wichtigen Novellen, beschreibt er Jerusalem aus dem Blickwinkel des jungen Protagonisten. Zwar handelt es sich um das Jerusalem der Anfangsjahre unseres Jahrhunderts, um die Stadt, in der Juden lebten, auch als sie unter türkischer Herrschaft stand. Und gerade jetzt, da ich auf eine renovierte Villa in der Abarbanel-Straße blicke, der die neureichen Käufer, die das ursprüngliche Gesicht Rechavias immer mehr verfälschen, noch ein Geschoß mit Bogenfenstern aufgesetzt haben, frage ich mich, was Brenner wohl von der Stadt in ihrer heutigen Gestalt halten würde. Irgendwie will mir scheinen, als könnte sein »ernsthafter Bursche« auch beim Anblick des modernen Jerusalem empfinden, was er damals empfand: »Seit der Zerstörung ihres Hauses, des Tempels, ähnelt die Stadt mit ihrer Kuppelei, der sie sich vom Mittelalter bis in die Neuzeit hingab, einer heruntergekommenen alten Hure am Strand, vielleicht von Buenos Aires, die ihren Kunden, von deren Meinung sie ganz und gar abhängig ist, ihr Leid klagt. Sie kann die Hurerei nicht lassen, das ist ihre Natur, so ist sie beschaffen. Es geht der Hure schlecht, sehr schlecht; sie bietet sich immer wieder vergeblich an. Ihre Brotgeber spucken ihr zum Spaß ins Gesicht, und wenn sie genug von ihr haben, dann ist sie endgültig verloren ... Jerusalem! schrie der junge Mann aus tiefster Seele, und seine Augen verdunkelten sich, ein Laden, der heilige Geräte zur Schau stellt, ein Marktplatz, der seine Heiligkeit unzenweise verschachert ... eine abgewrackte, schamlose Alte, die ihren Wert seit jeher nur aus dem bezog, was andere über sie sagten.«

Als wir auf dem Dach des Bet David über seinem Büro standen, zählte Seffi Elon mir die Ansichten auf, die ihm in der Stadt die liebsten sind: »Der südliche Teil der Altstadt mit dem Gai Ben Hinnom und der Altstadtmauer, von der Terrasse der Cinemathek aus gesehen; die engen Viertel neben dem Machane Jehuda Markt, die Innenhöfe von Meah Schearim.« Er schloß, ganz untypisch für ihn, mit einer höchst poetischen Aussage, in der mitschwingt, was auch ich selbst dort auf dem Dach des Bet David empfand: »Und die Augenblicke der Gnade liebe ich hier, wenn Gott sich zum Kuß über die Stadt neigt, zwei Stunden bevor der Schabbat einzieht, wenn die Stille sich in ihr ausbreitet und goldenes Licht sie streichelt – das ist einzigartig auf der Welt.«

Ich seufze tief und kann nicht anders als ihm beipflichten. Denn es ist wahr, daß ich zweifelnd den Kopf schüttele, wenn ich von den Entschlüssen so mancher Freunde höre, die Jerusalem verlassen, weil es schwer ist, tagtäglich mit den Charedim und den Arabern und den Leuten aus den Armutsvierteln und den Riesendemonstrationen und den Staatsbesuchen und den Attentaten (die Gefahr ist hier höher als anderswo) zu leben. Vielleicht wohnt es sich in Tel Aviv angenehmer, aber das ist Augenwischerei, denn Jerusalems Stätten, ihre Gassen und Gebäude bergen wie eine Art Metapher die Probleme des gesamten Staates Israel in sich.

Ich empfinde die durch nichts zu untergrabende Schönheit der Stadt, ihre Farben, ihre Luft und ihr Flair und sogar das schwer Erträgliche an ihr, die Häßlichkeit und die menschliche Landschaft, als tief bedeutungsvoll, als eine stetige Herausforderung. Erst seit dreißig Jahren lebe ich hier, und doch hängt meine Seele an diesem Ort, als sei er meinem Innern von Urzeiten an eingegraben; oft denke ich, daß ich in keiner anderen Stadt leben könnte. Vielleicht liegen für mich die Dinge so, weil Reibung, Verstörung und der tägliche Stachel zu einem Menschen passen, der sich entschieden hat, ein Schreibender zu sein.

Glossar

Chanukka (hebr.: Einweihung): jüdisches Lichterfest, das an die rituelle Tempelreinigung zur Zeit der Makkabäer erinnert. Das Chanukkafest dauert acht Tage, und an jedem Tag wird eine Kerze mehr angezündet, bis schließlich acht Kerzen brennen. Da es sich nach dem hebräischen Kalender richtet, ist es beweglich, fällt aber meistens in den Dezember.

Chassidisch (Chassidim; hebr.: Fromme): zum Chassidismus gehörig; der Chassidismus war eine wiederbelebende Bewegung innerhalb des osteuropäischen Judentums im 18. Jahrhundert.

Charedi (Plural: Charedim): Jude, der einem ultra-orthodoxen Lebensstil frönt.

Erez Israel: traditionelle jüdische Bezeichnung für das Land Israel.

Ezel: Bezeichnung einer militanten jüdischen Untergrundorganisation zur Zeit des britischen Mandats.

Falästin: arabische Bezeichnung für Palästina.

Foujon: Im Namen des Restaurants ist das Wort »Fusion« enthalten.

Holzhauer und Wasserschöpfer: waren meist Hilfskräfte, die die niederen Arbeiten für die Gemeinde und das Heiligtum verrichten mußten (Buch Josua, Kap. 9, 21, 27).

Jad Vaschem: Jerusalemer Gedenkstätte für die Opfer der Schoah.

Jeruschalaim: hebräisch für Jerusalem.

Jeschiwa (Plural: Jeschiwot): Talmudische Hochschule.

Kaschrut-Zertifikat: eine Bescheinigung der Rabbinischen Behörden, daß ein Restaurant sich an die Kaschrut-Vorschriften, die religiösen Speisegesetze, hält. Fehlt einem Lokal das Kaschrut-Zertifikat, dürfen religiöse Juden dort nicht essen.

Laubhütte/ Laubhüttenfest: s. Sukka/Sukkot.

Levit (plur. Leviten): Priesterdiener im Tempel.

Midrasch (hebr.: Forschung): eine bestimmte Methode jüdischer Schriftauslegung.

Sabre: hebräischer Name des Feigenkaktus und seiner Frucht, die außen stachlig und hart, innen jedoch süß und weich ist. Bezeichnung für die in Israel geborenen Juden.

Schofar: Widderhorn, wird am jüdischen Neujahrstag und am Jom Kippur in den Synagogen geblasen.

Sukka: Laubhütte, wie sie am Sukkot-Fest gebaut werden. Siehe Leviticus 23, 42f.: »Sieben Tage sollt ihr in Laubhütten wohnen. ... Daß eure Nachkommen wissen, wie ich die Kinder Israel habe in Hütten wohnen lassen, als ich sie aus Ägyptenland führte.«

Tanach: Bezeichnung für die gesamte Hebräische Bibel, einschließlich der Propheten und Schriften.

Thora (hebr.: Lehre): Bezeichnung der ersten fünf Bücher der Hebräischen Bibel.

Tunnelstraße: führt zu den Siedlungen in den besetzten Gebieten, wobei man die arabischen Dörfer umfährt.

BATYA GUR

Universität Jerusalem, Psychoanalytisches Institut:
An einem Sabbatmorgen wird die berühmte Analytikerin
Eva Neidorf ermordet aufgefunden...

»Ein subtiles und schillerndes, ein nachdenklich machendes
und packendes Buch. Neben der hervorragenden
Kriminalhandlung bietet es eine Fülle tiefer Einsichten.«
Amos Oz

42597

GOLDMANN

BATYA GUR

Inspektor Ochajon untersucht einen Mord im Kibbuz und stellt fest, daß hinter der Fassade von Harmonie und Solidarität tödliche Konflikte lauern...

»Ein hervorragender Roman, packend erzählt, ans Gefühl gehend, fesselnd!«
Facts

44278

GOLDMANN

BILL BRYSON

Humorvoll, selbstironisch und mit einem scharfen Blick für die Marotten von Menschen und Bären!

»Bill Bryson ist ein Naturwunder!«
Sunday Times

44395

GOLDMANN

GOLDMANN

Das Gesamtverzeichnis aller lieferbaren Titel erhalten Sie im Buchhandel oder direkt beim Verlag.
Nähere Informationen über unser Programm erhalten Sie auch im Internet unter:
www.goldmann-verlag.de

★

Taschenbuch-Bestseller zu Taschenbuchpreisen
– Monat für Monat interessante und fesselnde Titel –

★

Literatur deutschsprachiger und internationaler Autoren

★

Unterhaltung, Kriminalromane, Thriller
und Historische Romane

★

Aktuelle Sachbücher, Ratgeber, Handbücher und Nachschlagewerke

★

Bücher zu Politik, Gesellschaft, Naturwissenschaft und Umwelt

★

Das Neueste aus den Bereichen
Esoterik, Persönliches Wachstum und Ganzheitliches Heilen

★

Klassiker mit Anmerkungen, Anthologien und Lesebücher

★

Kalender und Popbiographien

★

Die ganze Welt des Taschenbuchs

★

Goldmann Verlag • Neumarkter Str. 18 • 81673 München

Bitte senden Sie mir das neue kostenlose Gesamtverzeichnis

Name: ______________________

Straße: ______________________

PLZ / Ort: ______________________